고마운
친구
에젤

홍정희 지음

두란노

이 책의 인세 수익금은 전액 에젤선교회의 후원금으로 쓰입니다.

고마운 친구 에젤

지은이 | 홍정희
초판 발행 | 2023. 11. 1.
등록번호 | 제1988-000080호
등록된 곳 | 서울특별시 용산구 서빙고로65길 38
발행처 | 사단법인 두란노서원
영업부 | 2078-3352   FAX | 080-749-3705
출판부 | 2078-3331

책값은 뒤표지에 있습니다.
ISBN 978-89-531-4646-4 03230

독자의 의견을 기다립니다.
tpress@duranno.com   www.duranno.com

두란노서원은 바울 사도가 3차 전도여행 때 에베소에서 성령 받은 제자들을 따로 세워 하나님의 말씀으로 양육하던
장소입니다. 사도행전 19장 8-20절의 정신에 따라 첫째 목회자를 돕는 사역과 평신도를 훈련시키는 사역, 둘째 세
계선교(TIM)와 문서선교(단행본·잡지) 사역, 셋째 예수문화 및 경배와 찬양 사역, 그리고 가정·상담 사역 등을 감당하고
있습니다. 1980년 12월 22일에 창립된 두란노서원은 주님 오실 때까지 이 사역들을 계속할 것입니다.

고마운 친구
에젤

홍정희 지음

CONTENTS

PART 1. NEW BEGINNING

"당신을 기억합니다"

PART 2. WEAKNESS

"연약해도 사용하십니다"

PART 3. MESSENGER

"하나님의 위로를 전하고 싶습니다"

PART 4. FRIEND

"당신의 친구가 되겠습니다"

PART 5. BEGIN AGAIN

"새로운 꿈을 시작합니다"

추천의 글

에젤선교회의 지금까지의 여정을 지켜봐 온 사람으로서 이 책을 읽고 남다른 감동을 느낄 수밖에 없습니다. 그 감동은 많은 어려움 속에서도 선교사님들의 소중한 친구가 되고 싶은 소명을 포기하지 않고 지속해 온 저자와 에젤선교회의 가치에서 나오는 것입니다. 선교사님들에게 재정 지원만이 아니라 정서적 필요까지 채워 드리는 공감 사역을 하는 곳은 에젤이 유일할 것입니다. 이 책을 통해서 선교사님들을 돕는 것만으로도 기뻐하는 그 순전한 마음과 지금까지 이어지고 있는 에젤의 정신과 그 사역 철학이 널리 전해지기를 바랍니다. 주님이 에젤을 통해 이루신 기적이 한국 선교 사역에 계속해서 일어나기를 소망하며 이 책을 추천합니다.

이재훈_온누리교회 담임목사

《고마운 친구 에젤》을 만나서 첫 장을 읽다 보면 손에서 내려놓을 수 없을 것입니다. 에젤선교회의 사역을 책으로 남겨 주어서 감사합니다. 지금까지 하나님이 에젤선교회를 인도하셨듯이, 이 은혜의 기록 역시 하나님의 뜻의 성취라 믿습니다. 우리의 흔적은 세월과 함께 사라져도 좋지만, 가냘픈 우리 삶을 통해 하나님이 이루신 과업은 돌에 새겨 주님 오실 때까지 증

거가 되어야 합니다.

에젤선교회는 우리 주님이 시작하셨고, 손수 이끌어 오셨으며, 오늘의 열매를 맺게 하셨습니다. 이 책은 선교가 무엇인지 잘 몰라도 순종하기만 하면 하나님의 선교의 도구가 될 수 있다는 것을 보여줍니다. 재정이 없어서, 시간이 없어서, 나이가 많아서, 건강이 좋지 않아서, 선교를 몰라서 사역에 참여하지 못한다는 변명을 침묵시키고도 남습니다. 그러므로 저자는 선언합니다. "하나님은 한계가 없으시다. 기적은 우리 안에서도 일어나고 있다. 사도행전 29장은 이제 우리의 이야기다."

저는 이 책을 사도행전과 함께 읽어 보기를 권하고 싶습니다. 이 책의 그 어떤 기록도 사도행전의 범위를 벗어난 것은 없습니다. 이런 놀라운 사건들이 우리 가운데서 더욱 왕성하게 일어나기를 기도하며, 이 책을 추천합니다.

정근두_에스라성경대학원대학교 총장

저는 고(故) 하용조 목사님을 존경합니다. 그의 열정과 눈물을 기억합니다. 선교를 위해서라면 목숨조차 아끼지 않으셨습니다. 주님을 너무도 사랑했던 하용조 목사님은 우리 곁을 일찍 떠났습니다. 그러나 그는 저자와 에젤선교회를 남겨 두었습니다. 기도할 줄 몰랐던 저자를 기도의 용사로 만들었고, 선교가 무엇인지도 모르는 저자에게 선교신학을 쓰게 하였습니다. '고마운 친구' 에젤에게 사도행전 29장을 쓰게 하였습니다. 에젤은 하나님의 눈물입니다. 에젤은 하나님의 감동입니다. 에젤은 하나님의 도움입니다. 이 책을 읽게 될 많은 독자를 에젤 동산으로 초대합니다.

임윤택_미주장신대학교 선교학과 원장

에젤선교회 그리고 저자와는 30년 가까운 시간을 오랜 친구처럼 함께해 왔습니다. 1990년부터 23년간 온누리교회를 섬길 때도, 그 후 방주교회 담임목사가 되어서도 에젤은 친구처럼 늘 제 곁에 있어 주었습니다. 그래서 우리는 서로를 잘 알고 있다고 생각했습니다.

그런데 《고마운 친구 에젤》을 읽으면서 마치 오래된 친구의 진면목을 새롭게 발견한 것처럼 두근거렸습니다. 지금까지 잘 안다고 생각한 것은 그야말로 빙산의 일각이라는 걸 알았습니다. 이 책은 지금도 사도행전의 역사가 순종하는 사람들을 통하여 계속됨을 가르쳐 주었습니다. 이 책은 새로운 도전과 결단이 필요한 모든 분에게 용기가 되어 주리라 확신합니다. 선교적 교회를 추구하는 교회와 성도들에게 필독서로 꼭 추천합니다.

반태효_방주교회 담임목사

저자와의 인연은 2005년, 제가 햇불트리니티신학대학원대학교에서 교학처장으로 섬길 때로 거슬러 올라갑니다. 그때 저는 처음 에젤선교회를 알게 되었고, 저자를 신대원으로 이끌었습니다. 그 후 동갑인 우리는 만날 때마다 선교 이야기를 하며 흥분합니다.

저자는 종합병원처럼 아픈 데가 많지만, 샘솟듯 넘치는 열정으로 세계를 누비며 선교사님들과 함께 일해 왔습니다. 그리고 그 이야기를 이 책에 제대로 풀어놓았습니다.

저자는 뒹구는 낙엽을 가져다 선교사의 눈물을 닦아 줄 줄 아는 감수성이 있습니다. 그의 이야기는 목회자와 선교사, 평신도들이 어떻게 함께 하나님의 선교에 온전히 동참할 수 있을지를 잘 보여 줍니다. 그래서 이 책에는 감동이 있고, 또 생각할 거리를 던져 줍니다.

이 책을 통해 선교사들에게 언제나 한여름 냉수가 되고 싶고, 작은 것이라도 최고의 것으로 나누고 싶어 하는 에젤의 마음과 실천을 배우는 사람들이 계속 늘어나기를 소망합니다.

이정숙_햇불트리니티신학대학원대학교 전 총장, 교회사 교수

《고마운 친구 에젤》의 첫 페이지를 읽는 순간부터 빨려 들어갈 듯 집중했고, 마지막에는 크게 감동하였습니다. 여러 이야기 속에서 하나님의 선교에 참여하고 싶은 강한 도전과 함께 하나님이 지금도 세밀하게 역사하고 계심에 큰 위로도 받았습니다. 무엇보다 선교는 어려운 것이 아니라 사랑의 눈으로 관찰하

고 작은 사랑을 나누는 것이라는 점에서 자유함을 얻었습니다.

그동안 '선교'라고 하면 먼저 전투 혹은 사업 같은 단어와 연결되었습니다. 체계적인 전략을 세워야 하고 실수란 있어선 안 된다는 선입견이 있었습니다. 그런데 이 책을 읽으면서 선교가 마치 보고 싶은 친구 혹은 한 편의 시처럼 느껴졌습니다. 선교사님들의 사연을 적은 편지, 그 편지를 읽고 그분들의 필요를 섬세하게 정성들여 채워주는 에젤선교회의 사역을 보며 그 안에 깃든 하나님의 사랑을 느낄 수 있었습니다.

고국의 가을 낙엽을 정성스레 썼고 잘 포장하여 상처 입은 선교사님에게 보내 준 이야기는 참 따뜻하고 감동적입니다. 그 작지만 세밀한 사랑의 손길이 일으키는 여러 가지 기적들을 지켜보는 것이 행복했습니다. 이것이 저자의 손길이고, 함께 참여하는 에젤의 손길이며, 결국은 우리를 향한 에젤 하나님의 손길이 아닐까 싶습니다.

저자가 에젤과 함께 벌여 온 사랑의 활동들은 그동안 보지 못했던 새로운 형태의 선교 사역이라고 생각합니다. 에젤의 신학과 사명 그리고 추구하는 가치가 너무나도 단순하고 분명하게 다가옵니다. 열정과 자유와 유연성이 있는 에젤의 사역이 지금 이 시대에 하나님의 선교를 위하여 고민하고 있는 우리에게 도전과 위로를 줍니다. 그런 사랑과 위로를 꾹꾹 눌러 담은 이 책을 많은 분이 읽고 함께 기도해 주기를 바랍니다.

신선묵_월드미션대학교 부총장

저자와는 조지아의 시골 마을 마르네울리에서 선교사로 머물 때부터 지금까지 영적 친구로서 인연을 이어 가고 있습니다.

내 기억에 그는 온갖 욱여쌈과 병치레의 연단에도 주님의 평강과 사랑을 결코 잃지 않은 사람입니다. 깐깐하게 책망도 잘하지만 눈물이 많은 기도의 사람입니다.

제가 이스탄불 공항에 있을 때 추천사 요청과 함께 책 전문을 받았는데, 어떤 내용일까 궁금해 대충 훑어보려다가 금세 모두 읽어 버렸습니다. 에젤선교회를 통한 하나님의 역사에서 눈을 뗄 수가 없었습니다. 저는 울면서 읽었습니다. 거기에는 하나님의 은혜와 은총의 표적이 가득했습니다. 서슴없이 자신의 연약함을 자랑하는 한 여종과 그 공동체가 성령의 음성에 순종함으로 나타난 하나님 나라의 신성과 그 아름다움이 책 속에서 빛처럼 흘러나왔습니다.

저 역시 선교사이기에 에젤의 도움을 받았습니다. 에젤은 계산할 수 없는 상당한 선물이었습니다. 에젤을 통해 부어 주신 하나님의 사랑에 저 역시 빚진 자입니다. 저는 선교는 개종이 아니라 사랑을 보여 주는 것이라 주님께 배웠습니다. 이 책에서 그 십자가 사랑의 실체를 느꼈습니다. 에젤의 기도와 섬김을 곁에서 본 증인으로서 이 책을 추천합니다. 더 많은 분이 이 책을 읽고 하나님의 무한하신 사랑에 빠져 보기를 바랍니다.

주누가_GO(Global Operation)선교회 대표

프롤로그

우리의 '에젤'이 되어 주세요

오래전부터 꾸준히 에젤과 함께하신 하나님의 이야기를 책으로 써 달라는 요청이 있었지만 에젤선교회가 하는 사역은 누구나 할 수 있는 평범한 것이라서 책으로 낼 일은 아니라고 생각했습니다. 그랬던 제가 출판을 결심한 이유는 나의 이야기나 에젤선교회의 이야기가 아닌 오직 하나님의 이야기만 남기고 싶은 마음 때문이었습니다.

《고마운 친구 에젤》에 하나님의 선교 이야기, 많은 선교사님과 동역해 주신 분들 이야기 그리고 무엇보다 에젤선교회 가족들의 이야기를 제 시점으로 기록해 보았습니다. 사역을 해 온 시간이 30년 가까이 되다 보니 함께 동역했던 사람들이 기억하고 있는 은혜도 서로 조금씩 달라서 하나의 사역 에피소드조차 모두의 마음을 다 담기 어려웠습니다.

기억을 다시 소환하는 데에도 여러 도움이 필요했습니다. 오랜 시간이 지나도 생생하게 남아 있는 기억이 있는가 하면, 잊혀서는 안 되는 소중한 은혜들이 세월을 이기지 못하고 조각 기억으로 떠다니기도 했습니다. 그러고 보면 이 책을 만드는 과정은 그 파편 조각들을 찾아내야 하는 인내의 시간이었습니다. 마치 깨진 골동품 조각들을 모아 다시 원형을 복원해 내듯 소중한 기억들을 다시 하나씩 모아 보았습니다.

정확한 기록을 위해 몇몇 선교사님께 연락을 드려 날짜와 장소 등을 확인하는 과정을 거쳤습니다. 기록 영상을 찾고, 저장된 많은 파일들을 뒤져 가며, 쓰고 지우기를 수십 번 반복했습니다. 하나님의 선교라는 거대한 서사시 속에서 에젤선교회가 하나님의 역사로 기록되기를 바라는 나의 마음은 활자가 되어 차곡차곡 페이지를 채워 갔습니다.

지난 추억들이 소환되어 행복하기도 했지만, 예상하지 못했던 어려움도 있었습니다. 추억들을 꺼내어 하나씩 글로 적다 보니 잊힌 줄 알았던 내 안의 깊은 상처와 아픔들이 느닷없이 숨은 복병처럼 다시 나타나기를 반복하며 또다시 나를 깊은 슬픔에 잠기게 했습니다. 하지만 감사하게도 원고를 정리하며 자연스레 그런 마음들과 이별할 수 있었습니다.

책을 쓰기로 결심하는 데 10년 이상의 시간이 걸렸고, 결심하고 나서도 원고가 완성되기까지 1년이 걸렸습니다. 지난 1년이란 시간은 아주 긴 영적 싸움의 시간이기도 했습니다.

에젤의 이야기가 이렇게 책으로 나올 수 있었던 모든 과정은 하나님의 은혜입니다. 다만 부족한 글솜씨나 지면의 제한으로 더 많은 이야기를 담지 못한 것은 큰 아쉬움으로 남습니다. 이 책에는 언급되지 않았지만, 에젤과 함께 하나님의 역사를 써 내려간 수많은 목회자님과 선교사님이 계십니다. 죄송한 마음을 이 책으로 대신합니다. 썼다가 지워진 사건과 사람들은 다시 내 기억 창고 속으로 고이 보관해 두었습니다. 언젠가 그분들의 이야기도 나눌 수 있으면 좋겠습니다.

이 책의 제목은 에젤선교회가 하나님의 친구이자, 선교사님들의 친구이며, 나의 친구이기를 바라는 마음으로 선정했습니다. 그런 의미에서 이 책을 읽어 주시는 독자 여러분도 우리의 에젤이 되어 주시기를 꿈꿔 봅니다. 모든 시선을 하나님께만 집중하고 이 책을 읽어 주시면 좋겠습니다. 이 책에서 하나님의 일하심을 봐 주시면 좋겠습니다. 그리고 모든 성도가 자신들만의 선교를 시작하기를 소망해 봅니다.

사실 에젤선교회의 이야기를 담다 보니 저의 개인적인 이야기가 드러나는 것이 불가피했습니다. 혹여 다른 가족에게 부담을 주게 되는 것은 아닐까 염려도 되었습니다. 그러나 하나님이 제게 맡겨 주신 아이들은 어느새 성장해서 그 누구보다 든든한 나의 친구이자 후원자가 되었습니다. 미셸(Michelle), 제이미(Jamie), 이삭(Isaac) 그리고 사위 마이크(Mike)까지, 아이들이 내게는 큰 위로요 힘이 됩니다. 이 책을 쓰며 소천하신 부모님이 그리워 많은 눈물을 흘리기도 했습니다.

나에게 선교를 처음 가르쳐 주신 고(故) 하용조 목사님과 고(故)

김사무엘 목사님 그리고 온누리교회 이재훈 담임목사님을 비롯한 에젤선교회를 사랑하는 목회자님께 진심으로 감사를 드립니다. 에젤선교회와 함께 동역한 수많은 선교기관들, 무엇보다 현장에서 뛰고 있는 에젤의 선교사님들 그리고 에젤 식구들께 감사의 인사를 드립니다. 오늘도 에젤선교회를 위해 숨겨진 에젤이 되어주시기를 자처하는 수많은 중보자분께 감사를 드립니다.

　탈고하기까지 많은 분들의 도움이 있었습니다. 권순호 목사님과 임윤택 원장님이 초고를 읽어 주셨고 특별히 둘째 딸이 세심하게 원고를 교정해 주었습니다. 2023년 새해 두란노 직원 예배 설교를 마친 후 에젤 이야기를 책으로 내 보자고 한 남희경 부장님의 권유로 오랜 시간 잠자고 있던 에젤의 추억 보따리가 책으로 탄생했습니다. 책 디자인에 박인선 님, 편집에 박주선 님 그 외에도 인쇄, 홍보와 판매 등 책이 나오기까지 수고해 주신 숨은 도움의 손길, 두란노의 모든 가족들께 진심어린 감사를 드립니다.

2023년 11월
홍정희

"당신을
기억합니다"

"여기까지 우리를 도우셨다"
(삼상 7:12)

낙엽 한 잎의 기적

1995년 늦은 봄, 우리 부부는 고(故) 하용조 목사님을 찾아갔다. 하와이 코나(KONA) 예수전도단(YWAM)에서 하나님의 큰 은혜를 경험했기에 하 목사님께 그간의 선교 이야기를 나누기 위해서였다. 목사님은 갑자기 내게 선교를 직접 해 보라고 하셨다.

"제가요?"

너무 놀랐다. 선교에 대해 아무것도 모르는 내가 뭘 할 수 있다고 목사님은 그런 말씀을 하셨던 걸까? 뭘 어떻게 해야 할지 몰라 당황스러웠다. 선교사를 돕고 싶었던 아주 단순한 마음에 헌금을 가지고 찾아뵌 것이었는데 혹 떼려다 혹을 붙인 기분이랄까?

하 목사님은 내게 두란노서원 건물 4층 빈방을 내주셨다. 목사님 사무실 맞은편에 창고처럼 쓰던 방이었다. 내게 주어진 첫 숙제는 열 통쯤 되는 편지 묶음이었다. 아마도 그 편지를 읽고 선교를 배우라는 뜻이 아니셨을까 싶다.

"목사님, 저는 기도할 줄 모르는데요?"

첫 임무가 주어진 자리에서 내가 한 말이었다. 그러나 하 목사님은 그냥 씩 웃으시며 "이 편지부터 읽고 다음에 만납시다" 하고는 바람처럼 사라지셨다.

손에 든 편지를 바라보니 난감했다. 일단은 급한 대로 중고 책상 두 개와 철제 캐비닛, 접는 의자 등을 헐값에 구입해 사무실을 꾸렸다. 돈에 대한 목사님의 가르침이 있기도 했고, 비품에 돈 들이지 말고 알뜰히 모아 선교하는 데 쓰자고 마음먹은 이유에서다. 이때 쓰던 유리 테이블은 30년간 에젤 사무실의 터줏대감이 되었다.

어느 정도 사무실이 모양새를 갖추었으니 받은 편지를 하나씩 꺼내 읽었다. 그중에 아프리카에서 사역하시는 한 선교사님의 편지가 있었다. 편지에는 아프리카에 온 지 얼마 되지 않았을 무렵 네 살짜리 딸이 세상을 떠난 이야기가 담겨 있었다. 기온이 40도가 넘는 폭염 속에서 딸이 열이 났고, 그저 감기려니 했는데 말라리아였다. 한국에 있었더라면 걸리지 않았을 병, 그 병으로 사랑하는 어린 딸이 죽었다.

선교사로 헌신한 아빠를 따라 아프리카까지 온 어린 딸

의 죽음을 어느 부모가 받아들일 수 있겠는가? 선교사님은
이 모든 일이 자기 잘못인 것만 같다고 자책했다. 이제 어떤
사역도 할 수 없을 것 같다며 망연자실했다. 그렇다고 딸의
무덤을 거기에 두고 한국으로 돌아갈 수도 없는 노릇이다.
그저 뜨거운 아프리카 태양 아래 풀 한 포기 없는 딸의 무덤
을 보면서, 한국 길바닥에 뒹구는 낙엽 한 줌도 덮어 주지 못
하는 무능한 자신에 대한 하소연과 자책의 글이 편지에 적
혀 있었다.

편지를 읽는 동안 나는 내내 마음이 아파 뜨거운 눈물을
흘렸다. 나도 둘째 딸이 미숙아로 태어나 여러 가지 질병으
로 늘 아팠었기에 선교사님의 심정이 더욱 공감되었다. 자
식의 투병을 지켜본다는 것은 부모로서 아무것도 할 수 없다
는 무능함을 마주해야 하는 시간이다. 내 딸은 한국의 좋은
의료 서비스 덕분에 여러 질병에 걸렸어도 건강하게 잘 살
고 있다. 하지만 선교사님은 자신의 헌신과 순종 때문에 사
랑하는 어린 딸이 죽었으니 그 심정은 상상할 수 없을 고통
이었을 것이다.

내가 감히 자식을 잃은 선교사님에게 해 줄 수 있는 일이
뭐가 있겠는가. 억만금을 보낸들 위로가 될까. 그렇지만 뭐
라도 해야 했다. 그래서 고민하고 또 고민했다. '낙엽'이라는
글자가 가슴에 와서 콕 박혔다. 나는 여름을 지나 가을이 오
기를 기다렸다. 마침내 낙엽이 흩날리던 어느 늦은 가을날,

나는 두 딸과 집 밖으로 나갔다. 그리고 가장 예쁘고 빨갛게 물든 낙엽을 함께 주웠다. 그걸 정성껏 말리고 다림질한 뒤 코팅해서 편지와 함께 선교사님에게 보내 드렸다. 그렇게 겨울이 지나고 봄이 왔다.

내 기억조차 희미해진 어느 날 아프리카에서 편지 한 통이 왔다.

"제 편지를 읽고 기도해 주셔서 감사합니다. 당신이 보내 준 낙엽을 딸의 무덤에 갖다주었습니다. 그리고 그 앞에서 참으로 많이 울었습니다. 저는 이제 이 땅에서 다시 선교할 수 있게 되었습니다. 딸의 죽음이 결코 헛되지 않도록 열심히 사역하겠습니다."

자식은 이미 죽었는데, 이런 상황에서도 기도해야 하는 거구나. 나는 그걸 그때 처음 알았다.

내가 한 일은 낙엽 한 장을 보낸 것뿐이었다. 편지를 읽으며 선교사님의 아픔을 느꼈고, 함께 울어 주고 싶은 마음을 낙엽 한 잎에 담아 보내 드린 것뿐이다. 그런데 나의 편지와 단풍잎 하나로 고통받던 한 선교사가 새 힘을 얻어 다시 선교의 걸음을 걸어가겠노라 결심하게 되었다는 것이 아닌가? 이것은 나에게 엄청난 충격이자 도전이 되었다. 선교사님의 편지는 내 인생을 송두리째 바꾸어 놓은 커다란 사건이었다.

사실 나는 선교사를 돕는다는 것이 뭔가 거창한 일인 줄 알았다. 그런데 하나님은 낙엽 한 장으로도 사람을 살리시고 무너진 선교사를 다시 세우실 수 있는 분이라는 사실을 그때 깨달았다.

나는 선교사님의 답장을 받고서야 '낙엽 한 줌'이라고 쓰인 것이 생각났다. 길바닥에 나뒹구는 낙엽을 한 상자 가득 보내 드릴 수도 있었는데 나는 그러지 못했다.

'고작 낙엽 한 장밖에 안 되는 인색한 나를 하나님이 쓰시겠다고 하시는구나.'

하나님의 짝꿍 에젤

중고 책상 두 개, 테이블 하나, 철제 캐비넷 하나, 이게 에젤선교회의 시작이다. 며칠 지나지 않은 어느 날, 하 목사님이 나를 찾으셨다. 뜬금없이 선교단체를 만들라며, TIM(Tyrannus International Mission, 두란노국제선교회)의 정관을 참고로 에젤을 비영리단체로 등록해 보라는 것이었다.

기도만 하는 게 아니고 단체를 만들라니, 나는 고작 편지 몇 통 읽은 게 전부인 사람 아닌가. 산 넘어 산이었다. 태어나서 지금까지 단 한 번도 생각해 본 적이 없는 일이었다. 이게 하 목사님의 훈련법인가? 그래도 일단은 지시받은 일이니 부딪히며 뒹굴더라도 시도해 봐야 했다. 어디서부터 어떻게 시작해야 하는지, 누구에게 뭘 물어봐야 하는지도 몰랐다. 당연히 도와주는 사람 하나 없었다. 나는 혼자서 문화체육관광부, 구청, 시청 그리고 선교단체들을 무작정 찾아다니며 모르는 부분을 하나씩 채워 나갔다.

선교단체로 등록하려면 이름이 필요했다. 하 목사님에게 이름을 좀 지어 달라 말씀드렸더니 그것마저도 나더러 정해 보라셨다. 그 무렵, 서울에서 세계선교대회(GCOWE, Global Consultation On World Evangelization)가 열렸다. 거기서 나는 영어 강의 동시통역 봉사를 했는데, 통역을 맡은 교수님의 강의에서 '에젤'(Ezer)이라는 단어를 접했다. 히브리어로 '돕는 자, 돕는 손길'이라는 뜻으로, 하나님이 아담을 지으신 후에 하와를 '돕는 배필'로 지으셨다고 하는 대목에서 처음 등장한다(창 2:18). 통역하는 내내 그 말이 유난히 마음에 남았다. 하나님이 선교사님을 돕는 배필로서 나와 이 선교단체를 부르셨다면 딱 맞는 이름이 아닌가.

또 에젤에는 '결혼, 서약, 친구, 짝' 등의 의미가 있다. 몇 년이 지났을 때 라준석 목사님(현재 사람살리는교회 담임)이 에젤에 대해 강의를 해 주셨는데, 에젤은 '서로 마주보고 있으면서 한 짝이 되어 돕는 자'라는 뜻을 가지고 있다고 했다. 우리가 흔히 쓰던 '짝꿍, 단짝, 친구' 같은 말로 이해하면 좋을 것이다. 참 다정하고 친밀한 말 아닌가. 눈빛만 봐도 척하면 척하는 사이, 서로의 마음을 너무도 잘 아는 사이다. 나는 무엇보다 하나님과 짝꿍이 되어야겠다는 생각을 했다. 만약 내가 하나님과 짝꿍이라면 아마도 늘 하나님이 어떤 생각을 하실지, 그분의 마음이 궁금할 것이다. 그래서 하나님의 마음을 헤아려 보려고 애썼고, 지금도 그분의 마음과 눈길이 있는 곳을 찾는 중이다.

사실 처음에는 '돕는다'는 말의 의미가 언덕에서 수레를 끌고 올라가는 사람을 뒤에서 조금 밀어주는 정도라고 생각했다. 그런데 돕는 배필 에젤은 그런 차원을 뛰어넘는 의미가 있는 단어다.

에젤이란 단어에서 발견된 나의 깊은 성찰은, 전능하신 하나님이 주시는 완전한 도움이다. 즉 절대자인 분이 연약한 우리를 도와주시는 영적인 의미로, '도우시는 하나님' 바로 '여호와 에젤'로서 쓰였던 것이다. 여호와란 '스스로 있는 자'(I am who I am)란 뜻을 가진다. 과거도 현재도 또 미래에도 늘 우리와 함께하시는 신실하신 언약의 하나님이란 의미가 담겨 있다. 영적 전쟁에서 인간의 힘으로는 이길 수 없는 아말렉 전투(출 17장)나 여리고 전투(수 6:1-10)와 같은 때 자기 백성을 완벽하게 도우시는 하나님이 바로 여호와 에젤이시다.

나는 이 '여호와 에젤'이라는 하나님의 이름을 사랑하게 되었다. 인간은 일상의 삶에서 하나님의 절대적 도움이 필요하기 때문이다. 성부, 성자, 성령 삼위일체 하나님은 서로가 서로의 에젤로 존재하고 계시다. 삼위 하나님의 관계를 알게 되었을 때 온몸에 전율이 흘렀다. 바로 이것이다. 성경을 읽으면 그 안에 하나님이 보인다.

하나님과 선교사 그리고 돕는 자들이 서로 삼위일체 하나님처럼 하나가 되어 각자의 역할을 감당해야만 온전한 선교가 완성된다. 선교사는 절대 혼자서 선교할 수 없다. 하나님을 잃어버리면 선교도 멈춘다.

나는 삼위 하나님의 상호 관계를 깊이 묵상하게 되었고, 더불어 에젤선교회가 존재해야 하는 이유와 추구해야 할 가치를 그 안에서 발견했다. 나는 우리를 도우시는 하나님을 닮고 싶었다.

하 목사님은 에젤선교회에 '커뮤니티 펠로우십'이란 명칭을 붙여 주셨다. 단체가 성장해서 전 세계로 나갈 것을 대비하라는 것이었다. 그렇게 1995년 5월, 에젤선교회는 법적 공식 영문 이름을 갖춘 '에젤 커뮤니티 펠로우십'(EZER Community Fellowship)으로 탄생하였다. 사실 처음에는 우리가 무슨 해외를 가나 하는 마음에 웃어넘겼는데, 설립 2년 뒤부터 그 일이 현실이 되었다. 하나님은 역시 멋진 분이다.

"외로워서 그래요"

1997년, 하용조 목사님은 북경과 천진, 대련을 거치는 중국 선교사 방문 일정에 나를 초대해 주셨다. 중국에서 사역하고 있는 TIM과 온누리교회 파송 선교사님들이 북경에 모여 그동안의 사역 보고를 하고, 하 목사님이 선교사들을 격려하는 자리였다. 그런데 어느 선교사님이 하 목사님께 자신들을 선교지에 보내 놓고 이렇게 방치할 수 있느냐며 울먹거렸다. 나는 스스로 선택하고 결정해서 선교사로 헌신했을 텐데, 왜 선교사가 그런 말을 하는지 이해가 되지 않았다.

내가 하 목사님께 선교사가 왜 저런 말을 하느냐고 여쭸더니 하 목사님의 답변은 이러했다.

"외로워서 그래요."

하 목사님은 파송 기관인 TIM과 온누리교회가 선교사들을 잘 돌봐 줘야 하는데 그러기가 쉽지 않다고, 현실적으로 선교사들을 세심히 돌보기에는 한계가 있어 미안하게 생각하고 있다고 하셨다.

목사님의 말씀을 듣다가 문득 온누리교회에서 하고 있는 '샤이닝 글로리'(Shinning Glory)라는 프로그램이 떠올랐다. 샤이닝 글로리는 3박 4일 동안 합숙하며 하나님의 은혜를 경험하는 내적치유 프로그램 중 하나로, 아주 특별한 성령사역이다. 이 짧은 기간을 위해 봉사자들은 몇 달간 엄청난 중보기도와 행사에 필요한 수많은 소품들을 수 제작으로 준비한다. 그런 회복 사역을 선교사님들에게 해 드리면 좋을 것 같았다. 내 생각을 하 목사님께 말씀드리자, 이번에도 그것을 에젤이 해 보라고 하셨다.

온누리교회는 여러 지역으로 선교사들을 파송하고 또 숫자적으로도 선교사가 많다 보니 어느 한 지역 선교사님들에게만 특별히 프로그램을 진행하는 것도 형평성 문제가 있을 것이다. 또한 대부분의 현장은 여러 기관에서 파송된 선교사들이 섞여 있다. 하 목사님은 어느 교회나 기관을 초월해서 그 지역 선교사 모두를 위한 사역이 있으면 좋겠다는 마음이 있으셨던 것 같다.

하지만 당시만 해도 나는 선교에 대한 얕은 지식조차 없었던 데다, 에젤은 인적 자원도 부족했다. 게다가 해외에서 샤이닝 글로리 같은 큰 프로그램을 진행한다면 엄청난 재정이 들어갈 텐데, 재정 집행을 어떻게 해야 하는지도 몰랐다. 도저히 감당할 수 없는, 아니 생각조차 할 수 없는 일이었다. 그 큰 프로그램을, 온누리교회도 못 한다는 사역을 어떻게 에젤이 할 수 있단 말인가.

나는 조금도 지체함 없이 하 목사님께 불가능한 일이라고 말씀드렸다. 그랬더니 목사님은 기도해 보라고 하셨다. 이 기도해 보라는 말이 제일 난감하다. 기도를 한들 내가 어찌 이런 큰 사역을 감당할 수 있을까? 겨우 선교에 걸음마를 떼고 있는 나에게는 엄두도 낼 수 없는 두려운 일이었다.

그 무거운 과제를 떠안은 채 우리는 북경에 이어 두 번째로 천진에 있는 화평학교를 방문했다. 중국 아이들과 선교사 자녀들이 함께 공부하는 학교로, 고(故) 이병현 선교사님이 교장으로 섬기고 계셨다. 세 번째 방문은 대련이었다. 대련의 공동체는 평신도 선교사가 젊은 목회자의 영적 권위를 인정하지 않는 것처럼 보였고 이로 인해 공동체 전체에 긴장감이 흐르고 있었다.

나는 중국 선교지 탐방에서 적지 않은 선교사가 관계적인 어려움을 품고 있다는 사실을 직접 눈으로 볼 수 있었다. 현장에서 겪게 되는 상황적 어려움들은 누구의 잘못이라고 특정 지을 일도 아니고, 잘만 풀어낸다면 충분히 해결할 수 있는 문제다. 그런데도 관계의 어려움이 발목을 잡는다는 것은 그것이 선교 현장이기 때문일 거라는 생각이 들었다.

선교지에서는 아주 사소한 것으로도 서로 마음이 상하기도 하고, 작은 것에서 시작해 걷잡을 수 없을 만큼 일이 커지는 경우도 있다. 그만큼 선교지는 영적인 공격을 무차별로 당하는 곳이다. 소소한 문제에 마음을 빼앗기다 보면 간혹 내가 왜 선교지에 왔는지조차 잊게 된다. 그러면 다음 단계는 정체성 혼란이다.

게다가 선교지라고 하는 척박한 땅에서는 생활의 고단함까지 겹친다. 몸이 힘들면 짜증이 나고, 재정 문제나 환경적 문제가 겹치면 선교사들의 연약함이 도드라져 보이고, 인간적인 부분들이 드러난다. 우리는 선교사의 이런 모습에 실망할 수 있다. 나 또한 그랬었다. 하지만 나는 오히려 중국 세 개 지역의 선교사님들을 가까이에서 만나 보면서 선교를 이해하게 되었다. 나아가 헌신된 자들을 향한 안타까움과 긍휼의 마음이 생겼다.

하 목사님이 내게 준 어려운 숙제가 이제 두려움이 아닌 아픔으로 다가왔다. 그제야 나는 에젤선교회가 커뮤니티 펠로우십이어야 함을 깨달았다. 나는 회복 사역의 스텝으로 섬겼던 경험들을 생각하고 에젤화된 프로그램을 개발해 선교사들을 섬겨 보겠다고 마음먹었다.

못한다고 손사래를 치던 것은 까맣게 잊은 채, 나는 귀국

하자마자 에젤이 무엇을 얼마나 할 수 있는지 기도했다. 우선 광림수양관에서 국내 체류 선교사 60명 정도를 초청해 2박 3일간의 내적치유 세미나를 두 차례 진행했다. 의사인 이호규 집사님의 도움으로 현대중앙병원 의료선교팀의 지원도 받아 참석한 선교사님들의 건강검진도 해 드렸다. 선교사님들의 회복이 눈에 보였다.

그때 참석했던 중국의 전*식, 박*화 선교사님 부부는 에젤의 극진한 대접에 귀빈이라도 된 것 같은 기분이 들었다고 고마워했다. 숙소에 들어서자마자 환영 메시지와 꽃 덕분에 치유가 시작되었고, 매 순간 세심한 배려와 섬김에 너무 행복해하셨다. 그동안 공산당원의 감시 속에 긴장하며 사역하느라 여유 없이 살던 선교사님들에게 그 시간은 안식 그 자체였다는 것이다. 이 말은 봉사자들에게도 큰 격려가 되었다.

나는 두 번의 국내 치유회복 세미나를 진행해 보고 희망의 불씨를 보았다. 내가 뭔가를 잘해서가 아니라, 하나님이 에젤과 함께 기적을 이루고 계신다는 것을 볼 수 있었다. 그제야 내게 용기가 생겼다. 아니, 해 보고 싶어졌다. 선교사님들이 잠시라도 쉴 수 있다면, 더 이상 외로워하지 않을 수 있다면, 그것이 무엇이든지 해 보자고 마음먹었다.

기도해 주세요

　　하용조 목사님으로부터 선교사님들의 편지를 처음 받았을 때, 나는 그 문장을 대할 때마다 기도가 필요한 것은 알겠는데 선교사를 위한 기도는 어떻게 해야 할지 몰랐다. 그래서 나 대신 함께 기도할 사람들을 찾아 나서기로 했다.

　우선 내가 속한 공동체 다락방 순장님들에게 연락을 돌렸다. 선교지에서 온 편지가 있으니 같이 기도해 달라 부탁드렸다. 편지를 복사해 순모임마다 찾아가 나눠 드리고 함께 기도하고 싶은 분들은 연락을 달라고 했다. 그렇게 2년간을 외판원처럼 뛰어 다녔다. 그러나 정기적으로 기도할 동역자를 찾기란 생각만큼 쉽지 않았다.

그러다가 문득 에젤 사무실이 두란노서원 건물에 있고, 이곳에서 일하는 직원들도 그리스도인이니 기도 부탁을 해 보면 어떨까 하는 마음이 들었다. 나는 당장 엘리베이터에 광고문을 붙였다.

"매주 수요일, 점심 드립니다. 30분만 시간 내 주셔서 선교사님들을 위해 함께 기도해 주세요."

고맙게도 매주 수요일 점심시간이 되면 두란노서원 직원들이 1층 강당으로 모이기 시작했다. 한두 명만이라도 와 주면 감사하겠다고 생각했는데, 첫 모임에 스무 명 정도가 모였다. 그러다가 매주 고정적으로 참석해 주는 분들이 생겼고, 간혹 60명이 넘기도 했다. 자원해서 악보를 준비해 주고 찬양을 인도해 주시는 분들도 있었다. 날이 갈수록 기도회는 깊어졌다. 나는 누군가 함께 기도하는 사람들이 있다는 것만으로도 든든하고 행복했다. 이렇게 시작된 두란노 수요 에젤기도모임은 17년간이나 이어졌다. 두란노서원은 에젤선교회의 탄생과 기도의 시작을 함께한 곳이라 나에게는 친정과도 같다.

그 후로도 나는 여러 루트를 통해 선교단체들의 다양한 사역을 접하기도 했고 또 선교사들의 편지를 통해 선교를 배워 갔다. 조금씩 각 선교단체들의 특성과 그들의 사역에 대해서도 알아 가기 시작했다. 그러면서 앞으로 에젤선교회는 어떤 사역을 중점적으로 해야 할까를 고민했다. 나와 함께 사역을 기획하고 진행할 사람들과 지속적으로 함께 기도해 줄 사람들이 필요했다.

나는 아는 사람만 보면 선교사님들을 위해 기도해 달라고 선교 편지를 건넸다. 때를 얻든지 못 얻든지 전했다. 어떤 분은 그리스도인이 아닌데도 자기 동네 반상회에 가서 내 이야기를 대신 전해 주겠다며 편지를 가져가기도 했다. 어떤 이들은 선교 편지를 가지고 자신의 출석교회에 가서 함께 기도하겠다고도 했다. 그러다 보니 정확하게 몇 명이 에젤을 위한 중보기도에 참여하는지 나도 정확히 알 수 없었다. 그렇게 10년쯤 지났을 때는 매주 소그룹으로 모이는 중보기도자가 200명 이상까지 늘어났다.

에젤 간사를 역임했던 곽태식 목사님의 아내 정영수 선교사님은 두란노서원의 편집 디자이너였다. 부부는 선교사로 헌신해서 아제르바이젠에서 사역하다가 추방을 당해 귀국했다. 지금 정 선교사님은 에젤의 문서 디자인과 출판에 관한 모든 일을 맡아 하면서 본부 사역을 적극 돕고 있다. 또한 자신의 교회에 에젤 모임을 소개하고 '생수'라는 기도방을 만들어 인도하기도 했다.

정 선교사님이 언젠가 내게 해 주었던 말이 생각난다. 자신은 에젤에서 하나님 나라는 마치 누룩과 같다는 것을 시각적으로 보았다고 했다. 누룩 없는 빵은 딱딱하고 맛이 없다. 적은 누룩이 반죽에 들어가야 맛있는 빵이 만들어진다. 그런 것처럼 에젤 모임도 평범한 한 영혼들이 모여 하나님이 기뻐하시는 선교를 이루어 가고 있다고 말이다. 나는 하나님이 에젤을 통해 하나님의 마음을 품은 여러 사람을 사용하셔서 합력하여 이 땅에 하나님 나라를 세워 가게 하시는 것을 보게 된다. 이것이 합력하여 선을 이루는 모습이 아닐까?

에젤은 선교사님으로부터 받는 기도 편지를 매주 소식지(With You)로 제작해 우편으로 발송도 하고 SNS를 통해 공유한다. 또 매일 아침 7시면 선교사님들의 편지를 녹음한 음성파일을 전 세계에 있는 중보기도자들에게 보내고 있다. 2023년 봄부터는 미주복음방송을 통해 동일한 음성파일이 미국 라디오 방송을 타고 있다. 오가는 출퇴근 길에, 또는 집에서 육아하고 설거지하면서, 자기가 처한 곳곳에서 함께 기도할 수 있도록 돕는 것이다. 중보기도는 에젤의 가장 중요한 사역 중 하나다. 중보기도 사역에 수많은 봉사자들이 섬겨주고 있다.

나는 처음부터 마지막까지 하나님이 에젤을 운영하신다는 확신을 가지고 사역한다. 모이는 것도 흩어지는 것도, 마지막 순간 에젤에 몇 명이 남을지도 모두 하나님의 비밀이다. 어느 때는 회원 숫자가 놀라울 만큼 불어 있다가 또 어느 순간 사그러지기도 한다. 에젤에서 성장한 사람들이 교회의 일꾼이 되어 떠나는 경우도 많은데 그럴 때 나는 인간적인 서운함을 느낀다. 또 다른 새로운 일꾼들을 세워야 하는 부담이 내게 있기 때문이다. 하지만 돌아보니 기도는 멈추지 않았고 사역은 오히려 더 풍성해졌다.

강물은 흘러야 하듯이 은혜도 가치도 흘러가야 한다. 물이 흐르는 곳에는 많은 생명이 살 수 있기 때문이다. 나는 지금은 동역자가 아닐지라도 에젤을 거쳐 간 많은 사람이 곳곳에서 나름의 방식대로 선교의 꽃을 피워 가리라 믿는다.

은혜의 자리 은혜의 시간

인생을 돌아볼 때 한순간도 우연은 없다. 하나님이 하신 것을 우리가 해석하지 못하는 순간들이 있을 뿐이다. 하와이 코나, 그곳은 내 삶에서 잊을 수 없는 은혜의 자리였다. 에젤선교회가 시작되기 전 1994년 겨울, 하용조 목사님이 나를 부르시더니 하와이 코나 열방대학(University of the Nations)에 다녀오면 좋을 것 같다고 말씀하셨다.

처음엔 열방대학이라고 해서 신학교에서 운영하는 성경공부 프로그램인 줄로만 알았다. CDTS훈련(Cross-Road Discipleship Training School, 예수제자훈련학교)이 뭔지도 몰랐을 때였으니 그럴 만했다. 그런데 가서 보니 열방대학은 6개월간 합숙하며 선교를 배우고 영성 훈련을 하는 곳이었다.

그곳에서 본 풍경들은 매우 낯설었다. 당시 선교라는 단어는 교회에서 듣기는 했어도 나와는 무관하다 생각했는데 그곳에 가보니 정말로 선교사가 있었고, 그것도 아주 많았다. 나는 그동안 많은 은혜의 성령 체험을 했었기 때문에 일종의 기대감은 있었다.

당시 교통사고로 인한 허리 통증이 있어 강의를 오래 앉아서 듣는 것이 어려운 상태였다. 허리 통증이 심할 때면 맨 뒤에 의자를 붙여 놓고 누워서 강의를 듣기도 했다. 한 두 달쯤 지나자 앉아서 무리 없이 수업을 듣게 되었고 가끔은 다른 사람들처럼 봉사에도 참여할 수 있었다. 내 몸의 변화는 특별한 사랑의 기도를 받아서가 아니었다. 그저 그 공간에 함께 있었기 때문이다. 그곳에서 나는 은혜의 자리가 있다는 것을 알았다. 특정한 공간 안에 머물면 성령을 경험하게 되는 기적이 있다. 누구라도 올 수 있지만 가지 않으면 결코 경험할 수 없는 그 무엇이 있는 것이다.

나는 그곳에서 내 인생의 터닝 포인트가 된 몇 가지 특별한 경험을 하게 되었다. 첫 번째는 생각의 변화다. 30년 전만 해도 YWAM의 학생들 숙소는 매우 낡고 누추했다. 어떻게 이런 곳에서 숙박비를 받을까 싶을 정도였다. 그런데 숙소에 들어서니 과일 바구니가 우리를 맞이했다. 그 방과는 전혀 어울리지 않는 온갖 열대과일로 가득한, 더없이 아름다운 바구니였다. 숙소는 오래되어 변변한 것 하나 없어도 우리를 환대하는 스텝들의 정성어린 마음이 그 과일 바구니 하나에 서부터 향기로 전해져 왔다.

우리 가족이 4개월간 머물렀던 그 숙소는 어느덧 세상에서 가장 편한 곳으로 바뀌어 있었다. 세계 곳곳에서 모인 사람들이 그곳에서 모두가 행복한 표정으로 먹고 자며 예배했다. 마치 여기가 천국인가 싶었다.

두 번째는 중보기도의 경험이다. 어느 날 소그룹별로 나누어 우리가 어느 나라를 위해 기도할지 하나님의 음성을 잠잠히 구해 보는 시간이 있었다. 그때 갑자기 내 눈앞에 인도가 보였고 그 밑에 조그마한 섬에서 불이 나는 장면이 보였다. 내전인지 국가 간의 싸움인지는 정확히 모르겠으나 온통 화염에 휩싸인 모습이었다. 나는 그것이 스리랑카인 줄 몰랐다. 그저 제주도처럼 인도에 딸린 작은 섬인 줄만 알았다.

강의실 안에는 영적인 리더들도 많으니 누군가는 우리가 함께 기도할 제목들을 알 것이라고 생각했는데 시간이 지나도 아무도 말하는 사람이 없었다. 이것도 훈련이니 누구든 보고 들은 것이 있으면 말하라고 하길래 나는 조금 전 내가 보았던 것을 팀 리더에게 귓속말로 전했다. 조금 후 대표가 앞에 나와서 말하길, 아침에 스리랑카 선교사님에게 연락이 왔는데 그곳에 내전이 발생했다며 기도를 부탁했다는 것이다. 그러면서 지금 전 세계 전쟁 중에 있는 모든 국가를 위해 기도하자고 했다. 이 자리에 있는 한 사람에게 환상을 보여 주셨으니 같이 기도하자고 말이다. 그 말을 듣는 순간 나는 깜짝 놀랐다. 그리고 두려웠다. 이럴 수가. 하나님이 나에게 보여 주신 것이 여기서 이런 식으로 진행이 되다니! 중보기도가 뭔지도 모르는 내게 하나님은 왜 이런 것을 보여 주셨을까?

세 번째는 재정에 대한 훈련이다. 두 달쯤 지나자 우리 안에는 선교사로 헌신하겠다는 사람들이 생겨났다. 훈련생들은 4개월의 훈련이 끝난 후 두 달 간 모두 아웃리치를 떠나는데, 거기에 필요한 후원금 모금이 시작되었다. 헌금을 주는 사람은 받는 사람 모르게 전달하는 것이 좋다고 가르쳤다. 그 말에 따라 나는 첩보작전처럼 네 명의 자녀를 둔 유럽인 가정의 숙소를 알아내어 방문 틈으로 몰래 봉투를 밀어 넣고 왔다.

그런데 그날, 저녁 식사를 하러 가다가 숙소 주변의 피자 가게에서 그 가족이 식사하고 있는 모습을 보았다. 원래는 캠퍼스 안에서 식사를 하는 것이 원칙이긴 하나 사람들은 가끔씩 밖에 나가서 밥을 먹고 오기도 했다. 그 순간 나에게 스치는 생각은 '아웃리치 나갈 선교비도 없다더니 여기 나와서 피자를 먹는다고?'였다. 마음이 어려워졌다.

그런데 다음날 그분이 앞에 나와 어제 어느 분을 통해 귀한 헌금을 받게 되었다며 눈물로 간증을 전했다. 자신의 아이가 열여섯 살 생일이었는데, 그 나라로 치면 성인식 같은 걸 해 줬어야 했는데 형편상 아무것도 해 주지 못해 미안했다고. 헌데 아이가 방문 밑에서 제일 먼저 봉투를 발견하고는 하나님이 자신에게 주신 생일 선물이라고 기뻐했다는 것이다. 그래서 아웃리치 비용으로 누가 전달했을 것이라 짐작했지만 그 돈으로 아이의 생일파티를 하게 되었다는 것이다. 피자 한 판을 시켜서 여섯 명의 가족이 다 함께 기쁘게 먹었다고 했다. 하나님께서 자신의 아이를 이렇게 위로해 주시고, 이 아이가 하나님이 있다는 사실을 알게 돼서 너무 감사하다며 울먹였다.

그분의 간증을 들으며 내 자신이 너무도 부끄러워 얼굴을 들 수가 없었다. 나는 그 자리에서 곧바로 하나님 앞에 회개했다. 헌금했다면 그 재정을 어떻게 쓰든 그것은 받은 자의 몫이다. 그런데 나는 돈 100달러를 주고 사람을 판단하고 정죄했던 것이다. 내가 갖고 있는 재정도 하나님이 공급해 주신 거라고 여겼다면 내가 그런 생각을 했을까? 나는 하나님이 주신 것을 감사할 줄 몰랐고, 내가 가진 것을 주었다는 우월감이 있었다는 것을 알게 되었다.

우리 가족은 아웃리치를 가지 않기로 결정하고 팀원들을 위해 가진 돈을 모두 헌금하고 귀국했다. 그 100달러 사건이 나를 바꾸어 놓았다. 이 부끄러운 회개는 그 이후 에젤선교회에서 후원 선교사님들에게 매월 100달러씩 드리는 '100불 선교'의 계기가 되었다.

하나님은 참으로 연약한 나를 고치고 훈련하시어 지금의 나로 만드셨다. 그 시작이 코나 열방대학에서였다. 코나의 훈련 시간을 통해 고난이 올 때면 어쩌면 지금이 바로 은혜의 시간일 수 있다는 생각을 갖게 되었다.

때로는 이해되지 않아도 내 삶을 살아 내야만 하는 그런 날들이 있다. 하나님이 안 계신 것만 같은 느낌, 아니 모두에게서 버림받은 것 같은 일상, 숨이 멈추었으면 좋겠다고 생각했던 육체의 통증, 그 감정으로 온통 나를 사로잡았던 순간도 있었다. 그 순간마저도 하나님을 갈망하게 하는 작은 마음의 조각을 내게 남겨 두셨다. 이것이 사랑의 불씨이며 깨달음의 시작이다. 하나님은 결코 나를 잊지 않으시고 은혜의 자리로 부르셨다.

하나님의 기도 특공대

초창기에 에젤은 '작은 도움'이라 불렸다. 나는 이 별칭을 좋아한다. 하나님께서 평범한 사람들을 불러 모아 빈 작은 틈을 메우게 하시고, 보잘것 없어 보이는 작은 사역들, 그러나 꼭 필요한 사역들을 맡기시는 것 같아서이다. 하나님을 경험한다는 것은 홍해가 갈라지는 것을 보는 것만이 아니다.

에젤은 파송이나 훈련기관이 아닌 멤버 케어 단체다. 생명이 있는 선교를 하기 위해서는 하나님의 이끄심에 민감하게 반응하고 선교 현장의 변화에 빠르게 대처하려고 애쓴다.

어느 날인가 기도 모임에 오신 한 선교사님이 우리를 보며, 에젤은 다 좋은데 너무 전략이 없고 체계적이지 못한 것이 아쉽다고 했다. 아마도 많은 사람이 그렇게 생각할지도 모른다. 우리는 다른 선교단체처럼 조직적이지 못하다. 필요에 따라 모이고 움직인다. 그러나 틀에 얽매이지 않다 보니 새로운 아이디어들이 바로 진행될 수 있는 장점도 있다. 그렇게 부족한 대로 하나님은 에젤을 사용하신다.

나는 선교사들이 '지금 내가 하나님의 사랑과 섬김을 받고 있구나'를 느낄 수 있도록 많은 고민을 한다. 때로는 해외 사역을 나갈 때 회원들이 쓴 기도문을 모아서 작은 책자로 만들어 방에 놓아드리기도 하고, 웰컴카드와 선물 주머니를 준비하기도 한다. 어떤 모양이든 섬길 수 있다는 것 자체만으로도 우리는 행복하고 감사하다.

GO(Global Operation)선교회 대표인 주누가 선교사님과 함께 튀르키예 사역을 했을 때였다. 주 선교사님은 왁자지껄 하는 에젤을 보고 사역을 시작하려는 사람들의 자세가 틀렸다며 이런 준비되지 않은 자들이 무슨 사역을 할까 염려하셨다고 한다. 그런데 몇 시간 동안 함께하면서 에젤이 사역에 얼마나 기쁘게, 얼마나 진심으로 각자 맡은 바에 임하는지 보았다면서 자신의 틀림에 사과하셨다. GO선교회는 모든 사역을 전투적으로 한다. 그런데 이렇게 서로 다른 사역이 하나님 안에서 사용되고 있음을 에젤이 알려 주었다고 고마워하셨다. 서로의 다름을 인정하고, 부족한 점들을 서로 배울 수 있었다는 겸손한 고백을 할 수 있는 것이 주 선교사의 멋진 영성이다.

하나님의 전쟁에 특수부대도 필요하고 저격수도 필요하고 위생병도 필요하지 않겠는가. 어떤 면에서 에젤의 사역은 영적전쟁이라는 응급상황에서 위생병의 역할이 아닐까 한다. 포탄이 터지는 전쟁터에서 위생병은 총 대신 붕대를 들고 총알이 쏟아지는 곳으로 뛰어든다. 뼈가 부러지면 부목을 대 주고 피를 많이 흘리면 지혈해 준다. 지혈하지 않으면 생명을 잃을 수도 있다. 그렇게 응급처치가 끝나면 부상병은 후방의 병원에서 필요한 수술을 받을 수 있다. 병원과 같은 역할은 파송기관에서 해야 할 일이다.

많은 회원이 처음에는 선교에 대해 아는 것이 별로 없이 온다. 시간이 쌓이면서 어느새 젖먹이가 음식을 씹는 어린아이로 성장하듯 선교에 대한 마음이 자라고 또 성숙해 간다. 선교사를 위해 무엇을 어떻게 기도해야 할지 모르던 사람들이 선교 편지를 듣고 아침을 시작하고, 매일 밤 기도편지를 읽고 기도하지 않으면 잠을 이룰 수 없는 사람들로 변화되어 간다. 머리로 하나님을 알았던 사람들이 하나님을 만나 새로운 꿈을 갖게 된다.

40대에 에젤선교회에 와서 지금 70대를 바라보는 나의 단짝 김영경 권사님(소망교회)은 에젤을 만나 자기 인생의 반을 오로지 선교사님들을 생각하며 기도해 온 것이 가장 잘한 일이며 축복이라고 고백한다. 또한 하나님은 에젤선교회를 통해 우물 안 개구리 같았던 일상에서 자신의 눈을 땅 끝까지 넓히셨다고 말한다. 김 권사님은 지금도 매일 아침 누구보다 열심히 선교사님들의 편지를 읽으며 눈물로 기도하며 오늘도 선교사를 위해 기도할 수 있는 축복을 주신 하나님께 감사해 하신다. 참으로 아름다운 믿음의 고백이다.

인도의 Y선교사님은 서남아시아 선교대회에서 처음 만났던 분이다. 세미나 기간 중 그분의 눈길을 끈 것은 에젤이 리본과 천으로 예쁘게 만들어 놓은 쓰레기통이었다. 작은 쓰레기통조차 섬세하고 따뜻한 에젤의 손길이 닿으면 소중한 소품으로 거듭나는 것을 보고 많은 것을 느꼈다고 했다. 그렇게 3박 4일 동안 에젤의 사역을 지켜보며 시를 지어 보내 주셨다.

빨간 휴지통 하나가 하얀 종이옷을 입는다
실크 리본을 허리에 감는다
휴지통 주제에 아름다운 옷을 입는 게
어색하기만 하다
매일 구석에 소리 없이 서 있다
그곳이 내 자리가 아닌 양 부끄럽게 살며시
서 있다
하나님 아버지
작은 우리를 부르사 분에 넘치는 아름다운 옷을

입히시며 새롭게 하신다
너는 내 아들이라
실패한 듯 보이는 일도, 일그러져 버린 일도
우리 주님 손에서 새롭게 태어난다
작은 것 하나에도 눈길을 주시며
합력하여 선을 이루게 하시는
사랑의 주님께 찬양을 드린다

에젤의 동역자들은 구석에 놓여 있어 눈에 잘 띄지 않는 작은 휴지통처럼 평범한 사람들이다. 그런 우리에게 하나님이 함께하시면, 주님의 손에 들리면, 아주 특별한 사람들이 된다. 에젤의 일은 드러나지 않아 마치 그림자와 같다.

에젤은 눈물로 씨앗을 뿌리며, 오뚜기처럼 다시 일어나는 선교사님들과 함께 기뻐하고 아파한다. 우리는 사랑의 하나님을 드러내는 그림자이길 소망한다. 기꺼이 자신의 시간과 물질을 나누는 사람들. 에젤은 아주 특별한 하나님의 기도 특공대다.

숨은 마음 찾기

어느 날 모잠비크에서 사역하는 최순덕 선교사님의 편지를 받았다.

"선교사로 아프리카 땅에 왔을 때 힘든 것이 많았습니다. 언어도, 문화도, 자녀 교육 문제도, 영적 공격들도 무척 힘들었습니다. 그렇지만 무엇보다 선교지에서 힘든 것은 익숙했던 모든 것으부터의 단절과 교제하던 이들로부터 점점 잊혀 가는 존재가 되었다는 것입니다. 그때 에젤이 기꺼이 돕는 자가 되겠고, 함께 기도의 동반자가 되겠다고 먼저 손을 내밀어 주었습니다. 에젤 덕분에 내가 사랑받고 있음을 알게 되었습니다.

1년 동안 만나지 못했던 자녀들을 보러 가는 길에 남편이 길랭-바레증후군(말초신경계에 손상을 주는 자가면역질환)에 걸렸다는 것을 알았습니다. 손가락 하나 움직이지 못하고 기계에 의지해 생명을 유지하고 있던 남편의 모습은 제게 엄청난 충격이었습니다. 내 삶이 그대로 정지된 것만 같았습니다. 그때 '저희가 기도하고 있습니다'라면서 에젤로부터 걸려 온 전화 한 통은 저 혼자 이 아픔을 지고 있는 것이 아님을, 함께 이 고난을 헤쳐 나갈 큰 군대가 있음을 알게 했습니다. 에젤의 위로와 격려를 받으며 오늘 저는 여기 선교지에서 있습니다. 에젤 덕분에 하나님 아버지의 사랑을 더욱 더 만끽하게 되었습니다."

이런 선교사님들의 고백은 우리를 더 겸손하게 하고 더욱 더 기도해야 한다는 의지를 불태우도록 만든다.

때때로 우리는 선교사님들의 편지 안에서 '숨은 마음 찾기'를 한다. 많은 선교사님이 편지를 보내 주지만, 그 안에 시시콜콜 자신의 이야기를 쏟아 내지 못하는 경우가 많다. 하고 싶어도 하지 못하는 이야기, 진짜 털어놓고 싶은 이야기는 마음속 깊이 숨겨져 있다. 그분들의 편지를 수년간 받아 읽다 보니, 편지를 오래 들여다보면 그 마음이 보인다. 단어와 단어 사이에서, 행과 행 사이에서, 그 여백 속에서 그분들의 솔직한 마음을 발견한다. 차마 입을 열어 말하지 못한 도움의 요청, 갈등과 속상한 마음들, 거룩함으로 포장하고 싶지 않은, 선교사라는 명찰을 내려놓고 말하고 싶은 삶의 문제들 말이다.

그런 것들이 느껴지면 편지를 읽다가도 "선교사님, 별 일 없으세요?" 하고 전화를 넣어 본다. 그러면 대부분 깜짝 놀라신다. 자세히 묻지 않아도 선교사님 입에서 숨겨진 사연과 속마음이 술술 나온다. 낭떠러지 같은 곳에서 지푸라기라도 잡고 싶은 외로운 순간에 걸려 온 고국에서의 전화이기에 마음속 기도를 들려주신다.

이런 경험이 쌓이다 보니 나는 중보기도자들에게 편지의 행간을 읽어 달라고, 선교사님이 차마 쓰지 못한 그 여백에 담긴 속마음을 읽어 달라고 부탁한다. 자신의 안부를 묻고 글로 적지 못한 속마음을 읽어 주는 누군가가 있다는 것이 얼마나 큰 위안이 되겠는가. 곁에 있어도 마음을 알아주지 않는다면 외롭고 쓸쓸한 법인데 말이다.

중보기도자들의 기도는 선교사님들이 건너기 어려운 강을 한발 한발 디디며 무사히 건너갈 수 있도록 놓아주는 디딤돌이 되어 준다. 물론 우리의 기도로 누군가의 병이 나았다거나 사역에 놀라운 변화가 생겼다는 기적 같은 소식을 듣기도 한다. 그러나 역설적이게도 아무 사건 사고가 일어나지 않는 일상이 진짜 기적일지 모른다. 우리가 평안한 하루를 보냈다면, 걱정했던 일이 일어나지 않았다면, 그것이 누군가의 중보기도 덕분이라는 것을 한 번쯤 생각해 보면 좋겠다.

선교사님과 열방을 위해 기도하는 사람들이 있다는 것도 기적이다. 중보기도는 보이는 것보다 보이지 않는 응답들이 더 많다. 하나님은 우리가 미처 구하지도 않은 것들까지도 주시는 분이다. 내가 기도하지 못하는 순간에도 성령님은 나를 대신해 간구하겠다고 하셨다. 그것이 기도하는 사람들에게 얼마나 큰 의지가 되는지 모른다. 성령님으로 인해 위험에서 건져지고, 하나님의 크신 날개 아래 거할 수 있는 것이다. 그 하나님의 도우심을 느낄 때 거기에서부터 오는 깊은 평안이 있다.

숨을 쉬고, 햇빛을 받으며, 매일 일상을 살아간다는 것, 이것이 가장 큰 축복이고 보이지 않는 진짜 기적이 아닐까?

100불 선교

에젤은 이른바 '100불 선교'라는 것을 하고 있다. 허입된 선교사님들에게 한 달에 100불씩(한국 계좌는 10만 원씩) 후원하는 것이다.

하용조 목사님이 선교는 돈으로 하는 게 아니라고 말씀하셨던 날, 또 한 가지 가르침이 있었다. 재정 요청이 들어올 때 마지막까지 기다렸다가 100불을 주라는 것이었다. 하 목사님의 이 가르침은 아마도 재정 요청이 들어오면 바로 돈으로 해결하기보다 선교사의 친구가 되어 주란 뜻인 듯하다. 기도하면서 그 필요가 다 채워지는 마지막 순간까지 함께 있어 주라는 의미였을 것이다.

인도네시아에서 사역하는 허*구 선교사님은 비자 발급

문제로 싱가포르에 머물고 있는 동안 갖고 있던 달러가 모두 떨어진 상태였다. 돌아갈 비용밖에 없는데 비행기 티켓 날짜를 변경하려고 여행사를 찾았더니 100불을 더 내야 한다는 것이었다. 가지고 있던 카드도 한도액이 넘어 사용할 수 없는 상황이었다.

숙소로 돌아와 "하나님, 어떻게 해야 하죠?" 하고 눈물로 기도하며 통장을 확인해 보니 그때 에젤이 보낸 100불이 입금되어 있었다. 비자가 늦게 나와 엄청난 스트레스를 겪던 중에 한 줄기 은혜의 단비 같은 후원에 원망과 불평이 감사와 감격으로 바뀌었다고 전해 왔다. 이런 편지를 받을 때마다 하나님이 선교지마다 행하고 계신 작은 기적들을 보게 된다. 우리가 그 통로가 되고 있다는 것이 얼마나 큰 축복인지 깨닫는다.

선교사님을 위한 중보기도로 시작된 에젤이 재정을 후원하게 된 계기는 또 있다. IMF 시절, 월간지《빛과소금》에 난 에젤선교회 기사를 보고 지방에서 목회를 하고 있다는 어느 목사님에게서 전화가 왔다. 목회가 어려우니 재정을 도와달라고 했다. 나는 에젤선교회는 해외 선교사를 돕는 기관이라 한국에 있는 교회에 재정 후원을 하는 계정이 따로 없어 정말 죄송하다고 정중히 말씀드렸다.

그랬더니 그분이 다짜고짜 나에게 매국노라면서 30분 넘게 훈계를 하셨다. 지금 국가가 어렵고 달러를 벌어들여도 시원찮은 판국에 해외에 나가 있는 사람들에게 달러를 소비하는 것이 말이 되냐며, 국내 교회도 이렇게 어려운데 무슨 해외 선교를 하고 있느냐는 것이었다. 당신 같은 사람 때문에 나라가 망하는 거라며 정신 똑바로 차리고 살라면서 잔뜩 화를 내고는 그대로 전화를 끊었다. 그 목사님이 어찌나 심하게 말씀하시는지 나는 혼쭐이 나서 아무 말도 못하고 몇 분을 멍하게 앉아 있었다. 저절로 눈물이 날 정도였다.

잠잠히 생각해 보니 얼마나 어려우면 저러실까, 또 교회가 선교를 해야 하는데 그게 뭔지 모르니 저렇게 말씀하시는구나 하는 생각이 들었다. 내가 "기도하겠습니다"라고 했더니 그 목사님은 "지금 당장 교회가 문을 닫게 생겼는데 기도보다 돈이 더 필요하다"고 분노하셨다. 그때는 당황스러웠지만 그 말씀이 두고두고 나에겐 큰 깨달음이 되었다.

선교사도 너무 어렵고 힘들 때는 기도가 나오지 않을 수 있다. 당장 목구멍이 포도청인데, 자식이 아파 죽어 가는데 병원비가 없다면 기도가 나오겠는가.

그날 나는 욕을 많이 먹기는 했지만 한국교회의 어려움을 알게 되었고 교회를 지켜야 선교사도 지킬 수 있다는 생각을 하게 되었다. 그래서 재정에 대해 몇 가지 원칙을 세웠다.

하나는, 남는 게 없는 곳에 돈을 쓰자는 것이다. 예를 들어 교회를 세우거나 선교관을 건립한다는 것은 건물이 남지만 아픈 선교사 가족의 병원비나 학비 또는 선교지에 선물을 보내는 것은 남는 게 없다. 또 하나는, 큰돈이 드는 것은 가능하면 하지 않으려고 했다. 이렇게 재정에 대한 소극적 기준을 정한 이유는 몇 번의 재정 지출 후 그 결과에서 많은 아쉬움이 남았기 때문이기도 했다.

모스크바에서 K선교사님 부부가 웨딩드레스를 빌려주는 사역과 커피숍을 운영하며 선교를 하고 있었다. 공사비가 필요하다고 해서 3천만 원을 보냈는데 몇 달 안 가서 불이나 모두 타 버렸다. 비슷한 시기 중국 L선교사님의 학교에 1억이 넘는 큰돈이 들어갔지만 중국 내 모든 학교는 소유가 아닌 장기 임대하는 형태로 운영이 되고 있어서 얼마 안 가 운영권을 빼앗겨 사실상 학교는 사라졌다. 어디 이뿐이겠는가?

물론 이사회의 결의를 거쳐 집행된 지출이었지만 지금 와서 생각해 보면 그렇게 진행하는 것이 과연 옳았을까 하는 아쉬움이 남는다. 당시 한국은 IMF 외환위기를 겪고 있었기 때문에 큰 환율 차이를 감내하고 집행된 일들이 많았다. 재정 지출에 대한 아주 비싼 수업료를 지불한 셈이 되었다. 이 외에도 여러 사건을 겪으면서 하드웨어는 우리 몫이 아니라고 생각했다. 우리는 선교사님들을 케어하기로 했으니 그 일에 우선순위를 두어야 한다고 생각했다.

선교에 재정은 꼭 필요한 요소이기도 하다. 재정이 사람을 살리기도 하지만 오히려 독이 되기도 한다. 선교사가 하나님 대신 사람을 의지하게 만들 수도 있다. 또 재정 지원을 한 결과 때문에 준 사람이 시험에 들 수도 있다.

선교는 돈이 없어서 못하는 게 아니다. 하나님은 필요에 따라 재정을 채워 주신다. 그런데 사람들은 자신의 주머니를 보기 때문에 한계를 느끼고, 자기가 가진 능력을 보기 때문에 헌신하지 못하는 사람을 보면 안타깝다. 우리가 가진 모든 재정도 하나님께로부터 왔다는 것을 기억해야 한다.

물 떠온 하인들이
누리는 축복

네팔 세미나에 봉사자로 참여했던 어느 형제는 자신이 이 세미나에 얼마나 도움이 될까 싶어서 가야 할 이유보다 안 갈 이유를 더 찾았다. 그런데 그가 네팔에서 깨달은 것이 있다. 그곳에서 바울의 선교 사역에 도움을 준 사람들 중에는 성경에 기록된 사람보다 이름도 없이 뒤에서 숨어 묵묵히 도운 사람이 더 많았다는 것을 발견했다. 하나님은 사역을 통해 형제에게 이 귀한 사실을 알려 주셨다.

"내가 복음을 위하여 모든 것을 행함은 복음에 참여하고자 함이라"(고전 9:23).

해외 사역 봉사자로 참여하기까지 그 여정에는 저마다의 사연들이 있다. 그러나 결국 선교 현장까지 왔다는 것은 하나님의 부르심이 있었다는 것이다. 에젤에서 가장 많이 듣는 이야기는 사역을 통해 살아 계신 하나님을 만난다는 것이다. 선교에 참여해 보면 개인의 섬김을 넘어 하나님이 더 하시는 역사를 볼 수 있다. 그 하나님과의 만남이 바로 섬김이 주는 은혜다.

하나님을 인격적으로 만나면 우선 내가 변한다. 나의 변화로 내가 속한 공동체가 변화되는 새로운 경험을 한다. 하나님을 만나는 경험이 쌓여 갈수록 어느새 어제의 내가 아니게 된다. 3박 4일간의 에젤세미나에서 만난 하나님은 우리 인생의 새로운 변화를 경험하게 하신다.

선교 따로 삶 따로가 아니라 바로 내 삶이 선교인 것을 배운다. 자신이 하는 말 한마디, 표정 하나가 다 선교라는 것을 알게 된다.

내가 생각하는 섬김의 가장 큰 축복은 일상에서 신앙을 지켜 갈 수 있는 힘을 얻는 것이다. 어려움이 찾아왔을 때 그 고난을 대하는 자신의 태도가 성숙해져 있음을 보게 된다. 당장 해석되지 않는 일일지라도 겸손하게 하나님의 뜻을 구하며 응답을 기다리는 인내를 배운다. 오늘의 역경 속에서도 언젠가 주실 기쁨을 기다리며 하나님 안에서 문제를 해석하려는 지혜가 생긴다.

사역을 통해 가치관이 전환된다. 생각하는 사고와 삶의 기준, 우선순위가 이전과는 달라지는 것을 스스로 경험한다. 세상에 대한 욕심 대신 자꾸만 하나님을 향하고 있는 자신을 발견한다. 그토록 노력해도 쉽지 않던 것들인데 말이다.

생각의 차이는 삶의 변화를 가져온다. 내 가족 전도도 힘든데 다른 언어, 다른 종교를 가진 사람들에게 복음을 전한다는 것이 얼마나 어려운가를 생각하게 되고 기도가 더욱 절실해진다. 돈을 목적으로 살던 삶에서 자신이 가진 것에 감사하면 일상의 삶을 만족할 수 있게 된다. 하나님은 이렇게 섬기러 간 사역자들의 인생을 만지신다.

오래전 일이다. 에젤 회원 한 분의 남편이 회사에서 정리해고를 앞두고 있었다. 남편은 아내의 부탁으로 필리핀 에젤 사역팀에 참여했다. 우리 팀원은 누구도 그 남편의 자세한 사정을 알지 못했다. 평소에 줄담배를 피우는 분인데 선교 사역을 나가서 대놓고 담배를 피울 수가 없으니 무척이나 답답했던 모양이었다. 게다가 그분 눈에는 테이블에 수저 하나, 냅킨 하나 놓는 것에 목숨을 거는 에젤이 답답하게만 보였고, 이게 뭐 하는 짓인가 싶었다. 시키는 대로 일은 했지만 마음속에 불만과 의구심이 가득 차 있었던 모양이다.

한국에 도착하자마자 그분은 공항 화장실로 달려가 참았던 담배를 피웠다. 그런데 어찌된 일인지 너무 써서 피울 수가 없었다. 그리고 다음날 회사에 가 보니 정리해고가 아닌

승진이 되어 있었다.

　일주일 후 한국에서 사역보고를 하는 날 에젤 식구들은 그분의 간증을 듣고 모두 박수를 치며 기뻐했다. 그분은 자신이 생각하기에 작은 일을 했을 뿐인데 하나님은 태산처럼 큰 것으로 갚아 주셨다면서 그것도 모르고 불평만 했던 자신을 회개했다. 하나님은 우리가 한 일과 상관없이 은혜의 자리에서 작정하신 것을 부어 주신다. 그것이 바로 가늠할 수 없는 아버지의 사랑이다.

　필리핀 사역에 봉사자로 친구 따라 참여한 A자매는 무덥고 습한 필리핀 여름 날씨에 짜증과 불평으로 가득했다. 자매가 맡은 일은 매 끼마다 식당에 종이를 하나씩 추가해 커다란 벽에 종이 무지개를 만드는 일이었다. 얇은 습자지로 만든 무지개는 남들 눈에 별로 띄지 않았고, 이 무지개가 선교에 무슨 도움이 되는 걸까 하는 생각에 속이 상했다.

　무지개가 완성되었을 때 우리는 C선교사님의 고백을 들을 수 있었다. C선교사님은 실패감과 상처로 선교를 포기하려고 했다. 그러던 중 동료 선교사의 권유로 에젤세미나에 참석하게 되었다. 이곳에 오기 전 선교사님은 기도 중에 다시 사역을 시작하라는 사인(sign)을 무지개로 보여 주겠다고 하신 하나님의 말씀을 붙들었다. 비가 오면 하늘을 바라보며 무지개를 기다리고 있었다. 그런데 세미나 마지막 날에 선교사님은 A자매가 완성한 종이 무지개를 식당 안에서 본 것이다.

A자매는 여기까지 와서 종이나 붙이고 있는 자신을 한심하게 여겼는데 하나님은 그 종이 무지개로 C선교사에게 약속하신 바를 보여 주셨고 그를 다시 일어서게 하셨다. 이 간증을 듣고 자매는 자신이 한 일이 얼마나 귀한 사역이었는지, 하나님이 자신을 통해서 하신 일이 무엇이었는지를 알게 되었다.

누군가 나에게 말하길 하나님은 선교지를 변화시키라고 우리를 보내는 것이 아니라 아주 작은 퍼즐 한 조각을 맞추고 오라고 하신 것임을 깨달았다고 고백했다. 그렇다. 그것은 현장에서 섬겨 본 사람만이 안다. 가나의 혼인잔치에서 물 떠온 하인만이 물이 변하여 포도주가 된 사건을 봤다. 잔치에 온 손님들은 이 기적을 알 수 없다.

나는 물 떠온 하인들만 아는 그 축복을 우리가 누렸으면 한다. 사역을 할 때 참여하지 못하는 이런저런 이유를 찾는 사람을 본다. 재정이 없어서, 시간이 없어서, 나이가 많아서, 건강이 좋지 않아서, 선교를 몰라서 사역에 참여하지 못한다고 말한다. 그러나 그것은 자신이 만들어 놓은 한계다. 하나님은 한계가 없으시다. 내가 아닌 하나님을 바라볼 때, 그 틀을 깨는 순간 뜻밖의 하나님을 만나게 된다. 기적은 우리 안에서도 일어나고 있다. 사도행전 29장은 이제 우리의 이야기다.

PART 2.

WEAKNESS

"연약해도
사용하십니다"

"평안하라"
(단 10:19)

돈보다 평안이
필요했던 그때

      결혼하고 얼마 되지 않아 우리 부부는 미국 조
지아주 애틀란타(Atlanta)로 떠났다. 에모리대학교(Emory Univ.)
에서 나는 수학을 전공했다. 그 시절은 요즘처럼 부모로부터
학비와 생활비를 지원받아 유학하는 사람이 많지 않았다. 나
는 학교에서 전액 장학금을 받았고 TA(Teaching Assicstant, 조교)를
하면서 부족한 생활비를 벌었다. 우리는 당시 아이가 하나
였고 학교 아파트에서 살았기 때문에 다른 학생들보다 생활
비를 절약할 수 있었다. 나는 부족한 생활비를 벌기 위해 때
론 이민자 자녀들의 SAT(대학입시) 수학 과외를 하기도 했다.

    4년 후 한국으로 들어오라는 시대의 요청이 있었다. 나
는 박사 논문까지 다 통과해 놓고 마지막 한 과목을 수강하

지 못한 채 귀국했다. 학위를 받고 귀국하고 싶은 아쉬움이 많이 남았지만 어려운 논문 통과는 했으니 7년 안에 한 과목 이수만 하면 박사학위를 받을 수 있었다. 그렇게 시아버지 뜻을 따라 우리 가족은 함께 귀국했다. 다행히 귀국 후 바로 내 논문의 가치를 인정받아 고려대학교에서 강사를 할 수는 있었다.

하지만 얼마 되지 않아 생각지도 못한 고난이 내게 찾아왔다. 신호를 무시한 채 달려오던 차가 조수석 쪽을 받아 내 차가 중앙선을 넘는 사고를 당하게 되었다. 차가 공중에 붕 날아오르다 떨어졌는데도 크게 다친 것 같지는 않았다.

하지만 하루 자고 일어나니 몸을 움직일 수가 없었다. 남편은 당시 출장이 잦았고, 일본으로 1년간 해외 연수를 가 있던 상황이라 대부분의 시간을 나 혼자 아이들을 돌보며 학교 강의를 해야 했다. 나는 그 사고로 인해 6개월 동안 수차례 입원과 퇴원을 반복했다. 안 그래도 미국에서 디스크 수술을 받은 적이 있는데 이 사고로 걷잡을 수 없을 만큼 통증이 악화되었다.

재활의학과에 여러 번 입원도 했지만 결국 순 식구였던 오성훈 장로님(당시 영동세브란스병원 신경외과 과장)의 도움을 받아 응급수술을 받아야 했다. 수술은 잘 되었지만 후유증으로 유착이 생겨 통증이 점점 심해졌다. 육체의 통증은 몸과 마음까지 피폐하게 했다. 무엇보다 고통스러운 것은 이런 날

이 앞으로도 끝나지 않을 것 같다는 두려움이었다. 내가 없으면 두 딸은 어쩌나 싶어 죽고 싶어도 죽지 못했다. 나쁜 생각이 쓰나미처럼 몰려올 때마다 아무것도 모르는 아이들을 붙잡고 엉엉 울었다.

게다가 둘째 아이는 미숙아로 태어나 몸이 굉장히 약했다. 소아 뇌수막염을 비롯해 이름도 들어 본 적 없는 여러 가지 질병을 한꺼번에 가지고 태어났다. 인큐베이터 안에 있다가 기적적으로 퇴원한 뒤에도 온갖 잔병치레가 많았다. 내가 허리가 아파 둘째 딸의 기저귀조차 갈 수 없을 정도가 되어 버렸고 결국 다섯 살밖에 되지 않은 큰딸에게는 남편 대신 나의 보호자이자 동생의 유모 역할이 주어졌다. 그런데도 나는 너무 힘들어 큰딸한테 오히려 짜증을 내곤 했다.

내 몸이 이러니 시댁에서는 아들을 얻기 위해 씨받이를 들이자, 아니면 고아원에서 남자아이를 입양하자는 말까지 나왔다. 이런 말을 들으니 내 신세가 비참하기 이를 데 없었다. 나는 무슨 생각이었는지 두 아이를 데리고 한강으로 갔다. 그곳에 차를 세워 놓고 밤새 울고 또 울었다. 한강을 바라보고 있자니 내 안에서 두 마음이 싸웠다. 이대로 생을 마감하자는 마음과, 내가 부모라고 해서 하나님이 주신 이 아이들의 생명까지 빼앗을 권리는 없지 않은가 하는 마음이었다. 나는 지금도 충분히 나쁜 엄마인데 내가 힘들다고 자식까지 데리고 가면 그 죄를 다 어찌한단 말인가.

그러나 통증은 나에게 현실이었다. 이렇게 평생 견뎌 낼 자신이 없었다. 한강에서 몇 시간을 울다가 겨우 마음을 추스르고 집에 오면, 배고파도 배고프다 말도 안 하는 딸을 보며 또 통곡했다. 그럴 때마다 큰딸은 고사리 같은 손으로 내 눈물을 닦아 주며 울지 말라고 미안하다며 나를 위로했다. 그것이 속상하고 미안해 또 울었다. 그렇게 몇 년을 보냈던 것 같다.

하루가 천년처럼 여겨지던 그 시간 속에 나는 산다는 것이 무엇인지, 무엇 때문에 사는 것인지 알 수 없어 절망했다. 유복한 가정에서 태어나 아무 걱정 없이 결혼하고 유학을 다녀와 모교에서 교수님 소리까지 들었는데 사고는 모든 것을 단번에 앗아 갔다. 나와 작은 딸의 병원비 때문에 생활비가 쪼들렸고 부유한 집으로 시집갔지만 내 손에는 돈이 없었다. 친정아버지도 알츠하이머로 오랫동안 투병을 하셔서 손을 벌릴 수가 없었다. 부모의 부유함이 나의 평안함을 담보하는 것은 아니었다.

남들 눈에 나는 배운 것도, 가진 것도 많은 사람이었다. 그러나 그 허울 뒤에는 돈도, 평안도, 믿음도, 삶에 대한 아무런 기대나 소망조차 없었다. 심리적으로 매우 불안정했던 나는 마치 거친 파도 속에 제자들이 탄 배와 같았다. 폭풍우가 몰아치는 날, 배는 풍랑으로 심하게 흔들렸고, 자신에게 덮쳐올 것 같은 파도에 제자들은 두려워 떨었다. 그들도 곧

죽게 생겼다고 소리를 쳤다. 그런데 이런 난리법석에도 주님은 조용히 주무셨다. 제자들이 그런 주님을 깨웠을 때 주님은 물으신다.

"왜 무서워하는가? 아직도 믿음이 없는가?"

그리고는 주님의 권능으로 방금 전까지 요동치던 파도를 잠잠하게 만드신다.

주님은 똑같은 질문을 내게도 하셨다. 두려움과 걱정, 불안과 절망으로 가득했던 나에게 말이다. 너무도 간절했던 평안과 안식, 사랑과 기쁨은 믿음에서부터 시작된다는 것을 주님은 나에게 가르쳐 주고 싶으셨던 것 같다. 모태신앙인이었지만 그때까지 교회 마당만 밟던, 이름만 신앙인이었던 나를 주님은 고난을 통해 진정한 믿음의 길로 부르고 계셨다.

통증을 통해
만나 주신 예수님

　　교통사고 이후 그럭저럭 지낼 수 있는 날도 있었지만 대부분은 통증이 심해 정상 생활이 불가능했다. 숨 쉴 때조차도 통증으로 힘든 시간을 버텨야 하는 날들이었다. 그렇게 몇 년이 지나도 통증은 나날이 심해져만 갔고, 결국 다시 병원을 찾았다. MRI 검사를 해 본 사람은 잘 알겠지만 움직이지 못하도록 몸을 묶어 놓고 통 속으로 들어가 검사를 받는다. 그대로 꼼짝없이 누워 있으려니 허리가 더 아팠고 손발도 찼다.

　　나는 기도를 할 줄 몰라 검사하는 동안 주기도문만 계속 외우고 있었다. 그런데 그때 어디선가 한 번도 들어 보지 못했던 소리가 들려 왔다. 클래식을 좋아하셨던 아버지 덕에

어릴 때부터 음악은 일상이었고 웬만한 악기 소리는 구별할 수 있었는데, 희한하게도 생전 처음 들어 보는 악기 소리가 들렸다. 다섯 개의 악기가 연주되고 있었는데 무척이나 청량하고 아름다웠다.

그 소리에 집중하고 있던 순간, 놀랍게도 눈앞에 예수님의 형상이 보였다. 분명 주님이었다. 예수님이 오셔서 차가운 내 손을 잡아 주셨다. 그러자 서서히 온기가 느껴지기 시작하면서 방금 전까지 느꼈던 통증도 조금은 사라지는 듯했다. 극도로 불안했던 마음이 평안해졌다. 살면서 처음 겪어 본 신기한 경험이었다. 검사가 끝나고 나는 의사에게 물어보았다.

"여기 검사실에 음악을 틀어 주나요?"

의사는 뜬금없이 무슨 소리냐는 표정으로 나를 바라보았다. 요즘은 검사하는 동안 헤드폰을 씌워 주고 음악을 틀어 주기도 하지만 1990년대만 해도 따따따 거리는 기계 소음을 조금이나마 줄여 주기 위해 작은 귀마개만 해 줄 뿐이었다. 나는 혹시나 검사실에 계신 분이 라디오라도 틀었나 싶었는데 음악 같은 건 전혀 나오지 않았다고 했다.

의사는 판독 사진을 보더니 심각한 표정을 지었다. 상태가 너무 좋지 않아 다시 수술해야 한다고 했다. 병원에 올 때는 부축을 받아서라도 두 발로 걸어서 왔지만 수술 후 신경을 끊으면 하반신이 마비되어 갈 때는 휠체어를 타야 한다.

그렇지만 의사는 평생 이런 통증을 안고 어떻게 살겠냐며 차라리 수술을 권했다. 그 말을 들으니 너무도 기가 막혔다.

병원에 올 때도 자동차 뒷자리에 누워서 왔다. 조금만 덜컹거려도 허리에 자극이 되어 비상등을 켜고 30킬로미터 속도로 운전하는 차를 타고 왔다. 그런데도 나는 수술을 하지 않겠다고 했다. 그 이유는 검사할 때 만난 주님 때문이었다. 주님이 나를 만지셨다는 강한 확신이 들었다.

수술을 거부하고 집으로 돌아온 후 매일 통증이 조금씩 줄어들더니 점차 앉을 수 있게 되고, 움직일 수 있게 되었다. 그렇게 집에 온 지 한 달 만에 조금씩 일상생활을 할 수 있었다. 그 당시 MRI 검사비가 47만 원이었던 것으로 기억한다. 그때 남편 월급이 68만 원이었다. 10원짜리 하나도 아끼고 아끼며 살았지만 그 비싼 검사를 한 달 후에 다시 받아 보기로 했다.

달라진 두 개의 판독 사진을 가지고 다니며 사람들에게 간증하리라는 어처구니없는 생각을 하며 한 달 뒤 나는 당당히 재검사를 했다. 의사 선생님에게 이제는 통증 없이 걸을 수 있다고 했다. 그런데 이게 웬일인가. MRI 검사 결과는 한 달 전과 전혀 달라지지 않았다. 의사 선생님은 마치 간절히 아이를 원하는 여인이 상상임신을 하는 것처럼 환자가 낫고자 하는 열망이 강하면 일시적으로 통증을 못 느낄 수도 있는데, 현실로 돌아오면 받아들이기 어려울 것이라고 했다.

하지만 그 후로도 나는 수술을 하지 않았고, 완치는 아니지만 지금까지 이전만큼 아프지 않다. 내 수술을 담당했던 오성훈 장로님도 사람들에게 내가 이 상태로 걸어 다니는 것은 기적이라고 말할 정도였다.

지금도 매년 검사를 하는데 의학적으로 볼 때 나는 오히려 조금씩 더 나빠지고 있다. 물론 지금도 허리 통증이 없는 날은 하루도 없고 무리하면 허리가 심하게 아파 움직이지도 못하고 병원에 입원하기도 한다. 그런데 이것은 오히려 바쁜 일상 가운데 주님을 바라보게 하는 일종의 사인 역할을 한다. 종종 허리에 신호가 올 때면 잠시 모든 것을 내려놓고 하나님과 대화를 시작한다.

"알았어요. 제가 또 정신없이 바빴네요. 하시고 싶은 말씀 있으면 하세요. 제가 들을게요."

나에게 통증은 바울이 말한 예수의 흔적처럼 주님이 나를 만나 주신 삶의 흔적과도 같다. 일생 동안 주님을 바라보고 기억할 수 있는 내 몸의 흔적으로 말이다. 또한 바울의 가시처럼 내 안에 여전히 통증이 남아 있게 하신 하나님의 뜻을 묵상해 본다. 가시가 없어지길 세 번이나 기도했던 바울처럼 나 역시 이 허리 통증이 내 삶에서 완전히 사라졌으면 좋겠다. 그러나 하나님이 "그것이 너에게 족하다" 하신다면 "아멘"하며 받아들여야 하지 않겠는가. 이만큼을 남겨 놓으신 하나님의 뜻과 비밀을 신뢰하면서 말이다.

통증은 더 이상 나에게 두려움이 아니고 오히려 하나님과 친밀해지는 통로가 되고 있음을 발견한다. 나는 그것으로 이미 충분하다. 때로 육체의 가시와 질병으로 고통받는 자들에게 나의 경험이 그들의 아픔과 두려움을 이해하고 위로할 수 있는 통로가 되어 준다.

사람들은 자신의 기도가 명쾌하게, 한방에 그것도 즉각적으로 응답되기를 바란다. 마치 식당에서 주문한 음식이 나오기를 기다리는 것처럼 빠른 기도의 응답을 원한다. 때로 하나님의 뜻은 우리의 생각과 달라서 생각지 못한 결과를 가져올 때도 있고, 심지어 침묵하실 때도 있다. 이 모든 일이 하나님의 섭리 안에 있다. 우리가 하나님의 깊은 뜻을 다 헤아릴 수는 없다. 다만 하나님은 어떤 방식으로든 우리를 그분 앞으로 부르신다. 그것을 인정할 때 우리에게 은혜가 부어진다.

분명한 것은 드디어 하나님이 나를 부르셨고, 치유를 시작하셨다는 것이다. 끝나지 않을 것 같던 고통의 깊은 어둠에서 나를 끌어내고 계셨다.

내 안에 내재된 DNA

가정마다 물려받은 DNA란 것이 있다. 기질이든 재능이든 말이다. 어머니는 내가 외할아버지의 혁명가적 기질을 닮은 것 같다고 하셨다.

감리교 목사이자 독립 운동가셨던 외할아버지(고[故] 김재근 목사)는 현재 국립 현충원 애국지사 묘소 제1호에 안치되어 계시다. 연희전문학교(현재 연세대학교)를 다니시다가 호랑이를 잡으려면 호랑이 굴로 들어가야 한다며 일본 도쿄제국대학에 들어가셨다고 들었다. 주로 상해와 만주 지역에서 활동하며 독립운동을 펼쳐오시던 할아버지는 서대문 형무소에서 오랜 수감생활을 하셨고 노환으로 소천하셨다.

그 이후 외할머니는 우리 집에서 줄곧 함께 사셨는데, 고

향인 개성에서 학교 선생님이셨고 밤에도 야학에서 어려운 학생들을 가르치셨다. 어린 시절 내 기억 속에는 할머니를 찾아오는 손님들로 집이 북적거렸다. 주로 정치인, 군인, 목사님들이셨는데, 그분들은 우리 할머니를 어머니라고 불렀다. 그래서 나는 그분들을 자연스럽게 삼촌이라고 불렀는데, 할머니가 낳은 친자식이 아니라는 걸 깨닫게 된 건 중학교에 들어가서였다.

할머니는 내게 신앙과 나눔의 정신을 전해 주셨다. 1970년대까지만 해도 우리의 인사는 "진지 잡수셨습니까?"였을 만큼 모두가 어려운 시대였다. 할머니는 누가 몇 시에 찾아와도 밥상을 차려 주셨다. 성탄절에는 새벽송을 돌고 나면 교회 사람들이 우리 집에 와서 떡국을 먹고 갔다. 귤이 귀했던 시절에도 성가대원들의 양쪽 주머니에 귤을 하나씩 넣어 주셨고, 가래떡을 구워 신문지에 싸서 들려 보냈다.

무엇보다 신앙에 있어서 할머니는 더없이 존경스러운 분이다. 할머니는 늘 하나님 나라와 대한민국 그리고 교회에 대해 말씀하셨다. 이 세 가지가 없으면 우리는 살아도 산목숨이 아니라고 하셨다. 할머니의 삶은 언제나 기도가 먼저였고, 밥상머리에 둘러앉아 식기도를 할 때조차도 항상 이 기도를 하셨던 모습이 생각난다.

사람에 대한 사랑은 부모님에게서 배웠다. 공직에 오래 계셨던 아버지는 나라에서 청렴결백 훈장을 두 번이나 받을 정도로 정직한 분이셨다. 특히나 부모님은 서로를 너무도 사랑하고 아끼셨는데 나는 자라면서 두 분이 다투시는 것을 한 번도 본 적이 없었다. 우리 5남매를 키우시면서 작은 것에도 잘한다 칭찬해 주셨고, 자랑스러워하셨다. 내가 넥타이를 하나 골라 드려도 다들 멋있다고 했다며 고맙다는 말을 잊지 않으셨던 기억이 아직도 남아 있다.

아버지는 항상 "너는 잘할 수 있어"라며 격려해 주셨다. 칭찬은 고래도 춤추게 한다는데 어쩌면 이런 격려와 사랑이 나를 자신감 있는 아이로, 또 가진 기량을 마음껏 펼칠 수 있는 아이로 만들어 주었던 것 같다.

특히 부모님의 가르침 중에 지금도 내 마음 속에 깊이 각인되어 있는 것은 "열심히 뭐든 배우라"였다. 전쟁이 나도 머릿속 지식은 누가 가져가지 않는다는것이었다. 또 남을 도우려면 자신이 뭔가를 알고 있어야 하니, 어떤 것이든 열심을 다해 배우라고 하셨다.

어머니는 나에게 최상의 중보기도자이셨으며 이 세상에서 가장 큰 사랑을 주신 분이다. 소천하시기 전 마지막 전화 통화도 내 건강과 사역을 걱정해 주셨던 기도의 여인이다.

나는 지금도 배우고 나누는 것을 좋아한다. 새롭게 알게 된 것이 있으면 곧바로 에젤 식구들과 나누었고, 배운 것을 다른 이에게 가르치도록 권면한다.

나는 배움에만 그쳐서는 안 된다고 생각한다. 배움은 반

드시 삶으로 나타나야 한다. 배움에도 종류가 많겠지만 성
경만큼 확실하고 정확한 것은 없다. 말씀을 배우고, 가르치
며, 삶으로 살아 내야 한다.

하나님은 우리를 창조하신 모양과 성품대로 쓰신다. 장점
은 장점대로, 단점은 단점대로 사용하신다. 내 안에 내재된
DNA를 따라 하나님은 나로 하여금 이웃의 어려움들을 보게
하시고 그것을 위해 몸 바쳐 뛰게 하신다.

삶과 죽음의 경계에서

　　미국 풀러신학대학원(Fuller Theological Seminary)에서 나이 60이 넘어서 시작한 선교신학 박사 논문 발표를 무사히 마치고 가벼운 마음으로 귀국했다. 며칠 후 몸에 열이 나기 시작하더니 코로나 양성 판정을 받았다. 나는 그해 여름에 간 절제수술을 해서 코로나 백신 접종을 할 수가 없었다.

　열이 40도가 넘었고 해열제도 듣지 않아 결국 구급차를 불렀다. 그러나 오미크론이 확산되고 있을 때라 병원마다 병실이 없었다. 나 역시 3일 동안 새로운 구급차를 갈아타며 내 순서가 될 때까지 대기해야 했다. 구급차에 내장된 탱크에 산소가 바닥나기 직전에 새로운 구급차로 갈아타기를 반복했다.

어렵게 배정된 부천 순천향병원에 도착하자마자 나는 의식을 잃었다. 음압병동에 들어갈 자리가 났다는 것은 누군가가 죽거나 치료가 끝났다는 것이다. 그런데 내가 들어오던 날 세 사람이 죽었다고 했다. 나 역시 밤을 넘기기 어려운 상태였다. 의사로부터 상황을 전달받은 가족은 내가 죽을지도 모른다고 하니 얼마나 두려웠을까?

얼마의 시간이 지났을까. 어렴풋이 사람들 소리가 들려왔다. 무슨 약을 썼는데, 지금 3일째인데 의식은 없고, 아직은 살아 있지만 매우 어려운 상황이라는 의료진들의 이야기였다. 아마도 교대 시간 의료진들의 인수인계인 듯했다. 나는 눈을 뜨지 못했지만 분명 의식이 있었다. 의학적으로 코마 상태(의식불명)였다. 아마도 육은 깨어나지 못했지만 나의 영이 깨어났던 것이 아니었을까.

자가 호흡이 어려워 기도삽관을 했다. 그것이 너무도 고통스러웠다. 숨을 쉬지 못하는 것이 얼마나 큰 고통인지 매 초마다 느꼈다. 살려달라고 해야 하는데 나의 의식은 고통을 이기지 못해 계속해서 죽여 달라는 기도뿐이었다. 그때 거대한 무덤이 닫히는 듯한 큰 소리가 들려 주위를 돌아보니 그곳에 빛이 있었다. 여기가 천국인지 지옥인지, 지금 내가 산 것인지 죽은 것인지조차 알 수 없었다. 고통이 느껴지는 것을 보니 아직 내가 죽은 것은 아닌 듯했지만 영원히 이 상태로 있을 것 같아 두려웠다. 돌무덤 속에 내가 완전히 간혀 있는 느낌이었다.

그때 눈에 보인 것은 창세기 1장과 같은 상황이었다. 흑과 백, 선과 악, 동과 서, 삶과 죽음, 빛과 어둠. 서로 가장 멀리 있어야 할 것들이 너무도 가까이, 아니 하나로 섞여 있는 혼돈 그 자체였다. 그 순간 아담의 죄가 보였다. 바로 내가 죄인이라는 사실이 온몸으로 다가왔다. 동시에 그 어둠 속에서 빛이신 주님이 나와 함께 계시다는 것을 느낄 수 있었다. 죄가 무엇인지 깨닫게 되니 차마 살려 달라는 말도 하지 못했다. 어쩌면 살고 싶다는 마음보다는 너무도 혼란스러워서 차리리 죽음으로 지금의 고통을 멈추고 싶었다.

며칠 동안 지속되던 그 괴로움의 시간 속에서도 누군가 나를 위해 기도하고 있다는 것, 그 수가 날로 늘어나고 있다는 것이 오롯이 느껴져 왔다. 가족의 얼굴이 하나씩 떠올랐다. 이어서 동역자들 얼굴도 오고 갔다. 그동안 미안했고, 사랑한다는 말을 꼭 해 주고 싶었다.

그렇게 정신을 잃기도 하고 다시 깨기를 반복하며 드디어 9일 만에 코마 상태에서 깨어났다. 내가 눈을 떴을 때 휴대 전화 화면 너머 나를 보고 있는 큰딸이 있었다.

"엄마! 깨어났어? 엄마! 엄마! 엄마! 고마워."

딸은 나를 보며 너무 반갑고 놀라 소리를 치며 울음을 터트렸다. 그날은 2021년 12월 24일, 성탄 전야였다.

의술을 뛰어넘어

다행히 의식을 찾았고 코로나는 치료되었으나 폐 염증 상태가 매우 좋지 않았다. 섬망 증세도 심했다. 음압 병동에서 일반 중환자실로 옮겨 치료를 이어 갔다. 병원 측에서 섬망증이 심한 나를 위해 여자인 큰 딸이 보호자로 들어 올 수 있도록 배려해 주었다. 그러고 보면 큰딸은 어린 시절 내가 허리 수술로 고통받던 때나 5개월 전 간 수술을 할 때, 코마상태에 빠진 그때도 내 보호자였다.

큰딸이 열 살 정도 되던 어느 날, 하와이 코나에서 크리스 해리슨(Chris Harrison) 목사님과 독대했던 일이 기억났다. 우리 부부는 열린 문 밖에서 둘의 대화를 듣고 있었다. 목사님이 아직 아무 질문도, 아무 말씀도 하지 않으셨는데 딸아이는 울음을 터트리기 시작했다. 그러자 목사님이 딸에게 물으셨다.

"Do you want to say anything?"(하고 싶은 말이 있니?)

딸이 울먹이며 말했다.

"의사 선생님은 거짓말쟁이예요. 엄마가 금방 병원에서 집으로 올 거라고 했는데 괜찮아지지 않았어요. 엄마가 잘못될까 봐 무서웠어요."

어린 딸은 자기가 무언가를 잘못해서 엄마가 병에 걸렸다고 생각하고 있었다. 자기가 잘하면 병이 나을 텐데 아무리 노력해도 엄마는 더 아팠다는 것이다. 이제 열 살밖에 안 된 아이의 마음속에 오랫동안 그런 죄책감이 있다는 것을 나도 처음 들었다. 목사님은 '네가 잘못한 것은 아무것도 없다'고 알려 주었고, 아이를 위해 기도해 주셨다. 그때 딸은 거의 탈진이 될 때까지 울음을 멈추지 못했다. 그동안 꾹꾹 눌러 왔던 속마음의 상처를 쏟아내고 있었다. 듣고 있던 우리는 밖에서 소리도 내지 못한 채 펑펑 울었다.

그랬던 딸이 이번에도 또 나의 보호자가 되어 있었다. 코로나로 인한 코마 상태가 길어지자 큰딸은 지속적으로 중보기도자들에게 내 상태를 알렸다. 소식을 전해 들은 에젤선교회 식구들은 물론 선교사님들 그리고 많은 동역자가 기도해 주었다. 이재훈 목사님을 통해 온누리교회 모든 협력 기관에서 기도해 주었고, J4U라는 라디오 방송 프로그램의 진행자 송정미 사모님도 방송을 통해 눈물로 내 상황을 전하며 중보기도 요청을 해 주었다. 내가 알지 못하는 수많은 청취자와 성도들에게도 기도의 빚을 졌다.

내가 누워 있는 사이 나의 가족들은 얼마나 많은 생각을 했을까. 큰딸은 혹시라도 가족의 음성을 들려주면 내가 깨어나지 않을까 싶어 미국에 있는 가족들의 목소리를 녹음해 내게 들려주었다.

깨어나 보니 내가 죽음과 사투를 벌이고 있는 사이 내 휴대전화에는 수많은 사람의 기도 메시지가 가득했다. 그중에서 막내아들에게서 온 아주 특별한 메시지가 있었다. 미국에서 지내는 아들이 나를 보기 위해 입국하면서 자신이 지금 어디에 있는지 사진을 찍어 얼마만큼 오고 있는지 의식도 없는 엄마에게 알려 주었다. 당시 2주간의 입국자 격리로 아들은 한국에 들어왔어도 바로 나를 만날 수 없었다. 그 사이에 엄마를 생각하며 노래를 고르고 가사를 개사해 녹음 파일을 보내주었다.

밤하늘의 별을 따서 엄마에게 줄래
엄만 내가 사랑하니까 너무 소중하니까
내게 오직 엄마 아니면 안 된다고 외치고 싶어
그저 내 곁에만 있어 줘. 떠나지 말아 줘요
참 많이 두려웠죠. 엄마 소식을 처음 듣던 날

멀리서 좋아하다가 들킨 사람처럼
숨이 가득 차 올라서 아무 말하지 못했는데
엄만 말없이 웃으며 내 손 잡아 줬죠
밤하늘의 별을 따서 엄마에게 줄래
엄만 내가 사랑하니까 너무 소중하니까

나는 듣고 또 들었다. 하염없이 눈물이 흘렀다. 엄마를 사
랑하는 아들의 마음이 나에게로 고스란히 흘러들어 왔고, 육
체의 아픔과 고통을 잊게 해 주었다.

일반병실로 옮겼지만 폐 기능이 안 좋고 염증이 많아 한
달 정도는 더 입원해 있어야 했다. 아들은 이제 막 직장생활
을 시작했기 때문에 일주일 휴가가 끝나면 곧 다시 출국해야
했다. 그때는 가족들 면회도 허락되지 않는 상황이라 아들은
격리만 하다가 내 얼굴도 보지 못하고 그대로 미국으로 돌아
가야 할 상황이었다. 나는 아들이 떠나기 전에 씩씩한 엄마
의 얼굴을 한 번이라도 직접 보여 주고 싶었다. 그러려면 내
가 병원을 나가야 했다. 깨어난 지 얼마 안 되었고 아직 혼자
걷지도 못했지만 나는 의료진에게 이만하면 되었으니 그만
퇴원시켜 달라고 떼를 썼다.

주말을 보내고 월요일 아침이 되었다. CT를 찍었는데 담
당 의사가 주말 사이 무슨 일이 있었던 거냐며 깜짝 놀랐다.
입원 당시 산소포화도는 겨우 30퍼센트로 폐에 염증이 가득

차 있었고, 간 수술로 인해 회복도 더디고, 기저질환도 많았기 때문에 의식이 돌아오는 시간도 길었다는 것이다.

여전히 산소포화도는 80퍼센트에도 못 미치지만 폐 상태가 불과 3일 전 사진과 너무도 다른 모습이라고 했다. 일반 병동으로 이동한 지 3일 만에 이런 결과라니 믿어지지 않는다고 했다. 퇴원할 정도로 회복이 된 것은 물론 아니었다. 하지만 당시는 병원도 전염병으로부터 안전하지 않으니 산소호흡기와 기관지 치료 장비 등을 대여해 집에서 치료하는 것을 조건으로 퇴원을 허락해 주었다.

그렇게 나는 다시 돌아오지 못할 것 같았던 내 집으로 돌아왔다. 집에 와서도 3개월이나 산소호흡기를 사용해야 했고, 공간지각능력도 떨어지고, 환청이나 감정에 대한 기복도 오래도록 이어졌다. 매일 밤 몇 번씩 쇼크가 일어났다. 하지만 나는 가족을 위해서라도, 기도해 주신 분들을 위해서라도 하루 빨리 회복해야 했다. 몸이 완전히 회복되지 않았는데도 산소호흡기를 빼고 출근했고 여름에는 예정된 교회 강의도 다시 시작했다. 산소포화도가 정상이 되는 데는 꼬박 1년이 걸렸다.

대부분 성장한 아들과 엄마가 그렇듯 데면데면했던 우리 모자 관계가 이번 일로 서로 사랑을 표현하다 보니 더욱 좋아진 것이 기뻤다. 아들은 미국에서 직장생활을 하면서도 자주 전화를 하며 나를 열심히 챙겨 주고 있다. 부족한 게 많은 엄마였다는 나의 고백에 아들은 "엄마는 신이 아니잖아" 라고 말해 주었다.

내가 의식을 찾고 일반 병동으로 이송될 때 음압병동의 모든 의료진이 일어나 박수를 치며 사진을 찍고 눈물을 흘리며 기뻐해 주었다.

퇴원 후 부천 순천향병원 음압병동 과장님은 직접 신년카드를 써서 보내 주었다. "우리가 의술로 당신을 고친 것이 아닙니다. 우리는 기적을 보았습니다"라고 써 있었다. 9일 만에 눈을 떴으니 살아난 것이 기적이라고 할 만했다. 그분은 내가 에젤선교회 대표이며 무엇을 하는 사람인지 인터넷을 찾아보고 알게 되었다고 한다.

과장님은 무엇보다 넘치는 코로나 환자들로 음압병동 직원들이 너무 힘들어 이직이나 사직도 많았는데 내게 일어났던 기적을 보고 큰 격려를 받았다며, 감사하다고 하셨다. 그동안 바쁜 병원 근무로 인해 무늬만 그리스도인으로 살아왔는데 나를 보고 기적이 있다는 것을 분명하게 믿게 되었다며 의료 선교팀에 이미 헌금도 했고 선교도 돕겠다고 하셨다.

이번에도 하나님은 나를 다시 살리셨다. 다시 살리신 이유는 잘 알지 못하지만 그저 감사할 뿐이다. 어쩌면 아직은 하나님께서 에젤과 함께하고 싶으신 일이 남아 있는 것일지도 모르겠다. 이것만이라도 감사할 이유는 이미 충분하다.

괜찮아 괜찮아 괜찮아

2023년 봄이었다. 산타모니카 온누리교회와 밴쿠버 온누리교회 강의를 위해 미국에 들어간 지 이틀 만에 나는 두 번째 코로나에 감염되었다. 작고 허름한 게스트하우스 숙소에 격리되어 이번에는 혼자서 코로나와 싸워야 했다. 근육통이 심했고 목소리가 변하며 기침과 열이 많이 났다. 정말 이렇게 미국에서 죽나 싶을 정도로 온몸이 아팠다. 집을 떠나 타지에서 또다시 코로나에 걸렸다는 것만으로도 마음이 더 외롭고 힘들었다.

한 주를 보내고 음성 판정이 나왔지만 내 몸 상태는 크게 회복되지 않았다. 미국 사역을 마치고 밴쿠버 온누리교회로 가는 일정은 결국 취소할 수밖에 없었다.

두 번의 코로나로 죽을 만큼 아프다 보니 자연스럽게 내가 없는 에젤선교회의 미래가 걱정이 되었다. 나는 이미 지난 4-5년간 에젤을 이끌어 갈 새로운 사람을 찾으려 무던히 애썼고, 또 맡아 달라 부탁 드려 본 사람도 여럿이지만 모두 고사했다. 이런저런 생각에 여러모로 마음이 착잡했다.

격리가 끝나고 마음이 시끄러워 바닷가로 산책을 나갔다. 몸과 마음이 지쳐 어깨가 축 처진 채 걷고 있던 나에게 하나님은 마치 어깨를 툭 치시듯 작은 목소리로 말씀하셨다.

"괜찮아."

순간 나는 정신이 번쩍 들었다. 아! 이 익숙한 목소리. 나는 이 목소리를 들어 본 적이 있다. 오래전 북경 코스타(KOSTA)에 강사로 간 적이 있었다. 당시 곽수광 목사님(푸른나무교회 담임)이 나를 강사로 추천해 주셨고 열한 명 정도가 강사로 참여했었다. 내가 맡은 강의는 마지막 날 아침이었다. 그런데 3일째 되는 날 공안이 들이닥친다는 정보를 듣고 모든 학생과 강사들은 뿔뿔이 흩어져야 했다. 나도 어느 집사님 댁에서 하룻밤을 머물렀다. 그리고 다음 날 강의하기로 되어 있는 북경의 어느 교회로 찾아갔다.

공안을 피해 옮겨진 집회 장소에 도착하니 수백 명의 학생이 이미 강당에 모여 있었고, 장내는 술렁였다. 모두가 공안에 대한 불안감에 마음이 어려웠을 터였다. 집회장의 공기는 무겁게 가라앉아 있었다. 강의 시간이 다가와 나는 조용히 앞으로 이동해 강사 대기석에 앉아 찬양을 하고 있었는데 내 가슴이 몹시 뛰기 시작했다. 무언가 하나님이 하실 말씀이 있는 듯했다. 강의를 곧 시작해야 하는데 나는 정확히 하나님의 뜻을 알지 못해 초조해지기 시작했다.

시간이 되어 어쩔 수 없이 나는 강단으로 올라갔다. 나는 앞에 앉은 학생들을 찬찬히 둘러보았다. 주님이 무슨 말씀을 하고 싶으신 것인지는 모르겠지만 일단 내가 준비해 온 강의를 하는 것은 아니라는 느낌이 들었다. 나는 원고를 그대로 두고 강대상 옆으로 나와 섰다. 그리고 가만히 주의 음성에 귀를 기울였다. 그때 음성이 들려 왔다.

"괜찮아."

의아했다. 뜬금없이 뭐가 괜찮다는 것인가. 나는 이 말씀의 의미를 정확하게 이해하지 못했다. 단순히 나를 위로하시는 건지, 공안으로부터 안전할 거라는 말씀인지, 아니면 이 학생들에게 전하라는 말씀인지도 분간이 되지 않았다. 내가 한참을 아무 말도 없이 서 있으니 학생들은 무슨 일인가 하고 웅성이기 시작했다. 나는 일단 들었던 대로 전했다.

"괜찮아."

그러고는 가만히 있었다. 아니 그다음을 어찌해야 할지 몰랐다. 학생들은 숨죽이며 나를 지켜보고 있었다. 그때 조금은 더 분명한 소리로 다시 한번 내게 똑같은 음성이 들려 왔다.

"괜찮아."

그래서 그대로 말했다.

"괜찮아."

그러자 적막을 깨고 여기저기서 흐느끼는 소리가 들려왔다. 잠시 후 또다시 세 번째 음성이 크게 들려 왔다.

"괜찮아."

이번에도 나는 그대로 크게 따라 말했다.

"괜찮아."

그 울음은 파도를 타듯 퍼져 갔고 이내 통곡의 시간이 되어 버렸다. 그리고 어느새 그 강당에서는 오직 하나님의 이름을 부르는 간절한 부르짖음만 있었다. 나는 90분 강의에 단지 '괜찮아'만 세 번 말하고 그들과 함께 기도하며 내 시간을 마쳤다.

집회를 마친 후, 진행 본부의 한 학생이 다가와 누군가 내게 남긴 쪽지라며 전해 주었다. 쪽지엔 놀라운 간증이 적혀 있었다. 글을 쓴 청년은 얼마 전 삶을 비관해 죽으려고 약을 먹으려고 했는데, 그 순간 교회 친구에게서 전화가 왔다고 했다. 코스타에 일손이 부족하니 와서 도와 달라고 말이다. 잠시 고민했지만 이왕 죽을 거 며칠을 미루자는 마음으로 집회 장소로 왔고, 강사들 방에 간식과 음료를 제공하는 일을 배정받았다고 했다.

그렇게 마지막 날이 되었다. 교회 본당 뒤편 영상실에서 무언가 가져오라는 심부름을 받고 갔는데, 본당에 들어오자마자 하나님이 자신에게 "괜찮아"라고 말씀하셨다는 것이다. 너무 놀라서 강단에 있는 나를 바라보니 내가 거기서 또 "괜찮아"라는 말을 하고 있지 않은가. 그렇게 그 자리에 서서 강사를 통해 세 번이나 자신에게 괜찮다고 하신 말씀을 들었을 때 비로소 죽지 말고 살아야겠다는 생각이 들었다고 했다.

쪽지를 읽자마자 얼른 교회 입구까지 뛰어나가 그를 찾아보았지만 이미 떠나고 없었다. 나는 그 청년에게 괜찮다고 말씀해 주신 하나님께 감사했다. 그 청년은 강사들을 섬기러 왔다가 하나님의 음성을 들었다. 나는 그 청년뿐 아니라 그날 그 자리에 앉은 수많은 학생들에게 하나님이 각자의 위로를 전하셨을 거라 생각한다.

10년이 지난 2023년 산타모니카 해변에서 무너진 마음으로 서 있던 날, 그 추억의 목소리가 내게 다시 들려왔다.

"괜찮아."

이곳 산타모니카에서 상처받은 나에게, 육체의 질병으로 상심한 나에게, 에젤의 미래를 걱정하는 나에게, 하나님은 '괜찮다'라고 말씀하신다. 그럼 괜찮아지겠지! 아무렴 괜찮을 거야!

아들과 선교 사이에서

우리는 살면서 수많은 선택을 해야 한다. 하다 못해 점심식사 메뉴로 뭘 먹을지 고민하며, 중국집에서 자장면과 짬뽕 하나를 결정하는 것도 갈등하는 데, 인생의 기로에서 무언가를 옳게 결정한다는 것은 정말로 쉽지 않은 일이다. 우리는 가정이나 직장에서도 각자의 역할과 임무 사이에서 수많은 고민과 갈등을 한다.

나는 엄마와 선교 사이에서 고민했던 순간이 있었다. 늦둥이로 태어난 아들은 어려서부터 큰 문제없이 성실하고 착하게 잘 자라 주었다. 어린 나이에도 아들은 몸이 아픈 엄마를 생각해 자기 일로 걱정 끼치지 말아야 한다는 측은지심이 있었던 것 같다. 초등학생 때부터 늘 우등생이었고 착하고 성실한 아이라 별 걱정이 없었다. 그러다 보니 힘들다고 말하기 전에는 아들의 심리적 어려움을 잘 몰랐던 것 같다.

제대 후 대학에 복학한 아들은 자신의 삶과 종교, 미래에 대해 깊은 고민이 있었던 모양이었다. 하지만 나는 아들이 얼마나 힘든 시간을 보냈는지 알지 못했다.

나는 아부다비에 이어 두 번째로 중동 선교사 협의회 사역을 코앞에 두고 있었다. 그때 아들은 자신이 심리적으로 매우 불안하고 깊은 수심에 잠겨 삶에 대한 의구심이 들어 너무 힘들다고 내게 전화를 했다. 그동안 한 번도 이런 마음속 이야기를 털어놓은 적이 없던 아들이었기에 놀라기도 했고 매우 걱정이 되었다.

나는 아들에게 학교를 휴학하고 잠시나마 함께 불가리아로 가는 건 어떤지 물어 보았다. 아들이 더 이상 학업을 이어 갈 수 없을 만큼 힘이 들어서 태어나 처음으로 엄마에게 도움을 요청한 것인데 아들을 혼자 한국으로 보내 놓고 사역을 떠나려니 쉽사리 발이 떨어지지 않았다. 아들이 사라질까 봐 너무 걱정이 되었다. 그렇다고 갑자기 사역 일정을 조정하기도 어려웠다.

주최 측과도 협의를 했으나 당장 나를 대신할 강사를 섭외하는 것은 불가능하다고 했다. 에젤팀도 열한 명이 4박 5일 동안 300명의 선교사들과 스텝을 섬겨야 하는 상황이라 갑자기 내가 빠지면 팀도 어려울 수 있었다. 결국 나는 아들에 대한 미안한 마음을 묶어둔 채 무거운 발걸음을 불가리아로 향했다.

불가리아에서 열린 세미나는 감사하게도 이런 나의 상황과는 상관없이 하나님의 은혜로 가득했다. 모든 섬김은 계획했던 것 이상으로 아름답게 진행되었다. 마지막 날 내 강의 순서가 되었을 때, 단 위에 오르기 전 하나님께서 선교사님들에게 하고 싶은 말씀이 있다는 걸 느꼈다. 하지만 무슨 말씀이 하고 싶으신 건지 도무지 알지 못했다. 그런데 강단에 올라 강의를 막 시작하려고 하자 하나님은 불쑥 이곳에 오기 전 아들과 있었던 일을 통해 선교하는 핑계로 자녀들을 돌보지 못한 부모에 대해 책망하셨다.

전혀 준비되지 않은 강의를 하고 강단을 내려와서도 계속해서 마음이 어려웠다. 힘든 시간을 보내고 있는 아들과 함께 있어 주지 못하고 불가리아까지 온 내가 무슨 자격으로 그런 말을 했던 건지 이해되지 않았다. 왜 하나님은 이런 준비되지 못한 날것의 이야기를 하게 하시는지 혼란스러웠다. 이런 내 마음과는 상관없이 강의가 끝난 후 즉시 많은 선교사님이 자신의 자녀 문제를 상담하고자 나를 찾아왔다. 귀국 후에도 한 달 정도는 선교사님들과 전화로 자녀 문제 이야기를 들어드리느라 잠 잘 시간이 없을 정도였다.

선교사 자녀들이 어쩌면 부모보다 심리적으로나 영적으로 훨씬 더 큰 공격을 받는다는 것을 보게 되었다. 중요한 사역을 앞두고 때론 사탄이 자녀들을 먼저 공격한다는 것도 알게 되었다.

선교지는 매일이 사건과 사고의 연속이다. 그러다 보니 많은 사역자가 가족의 상황을 자세히 보지 못하는 경우가 종종 있다. 혹여 안다고 해도 가족보다 사역을 선택해야 하는 피치 못할 경우도 발생한다. 과거 사역자들 사이에서는 그것이 하나님에 대한 충성이고 순종이라고 생각하는 이도 있었다. 그 어떤 선택에도 나름의 이유와 신념이 있으니까 무엇이 옳다 그르다 함부로 판단해서는 안 될 것이다.

그 사이 아들은 귀국을 하고 몇 달간 집에서 쉬면서 기독교상담가에게 상담을 받으며 자신의 생각들을 정리했고 회복되어 갔다. 그래도 엄마인 내 눈에는 아들의 마음에 남아 있는 아픔의 파편들이 보이는 듯했다.

아들의 힘든 시간과 정서적 아픔은 내게 또 다른 눈을 열게 했다. 불가리아 사역과 코로나는 에젤의 MK(MIssionary Kids, 선교사 자녀)사역을 대학생으로까지 확대하는 계기가 되었다.

나의 큰딸은 중고등학교를 다닐 때도 교회 어린이 사역부터 시작해 여러 봉사를 했다. 대학을 졸업하고 직장생활을 하면서는 선뜻 MK들을 위한 수술비나 장학금을 내주기도 한다. 둘째 딸은 필리핀과 인도네시아 에젤세미나에 동참했다. 영상과 컴퓨터 작업을 돕기도 하고, 손뜨개로 선교사 자녀들에게 보낼 각양각색의 가방 60개를 만들어 어린이날 선물이라며 가져오기도 했다. 또 아들은 편의점에서 아르바이트하는 10대 아이들이 마음에 걸려 가정 형편이 어려운 아이들에게 겨울옷과 '요한계시록' 연극 티켓 그리고 함께 저녁을 먹을 수 있는 헌금을 주기도 했다. 그렇지만 사역자 엄마를 둔 내 아이들도 나름 내가 알지 못한 어려운 시간들을 보냈을 것이라 생각한다.

아들과 선교 사이에서 나는 엄마와 사역자로서 갈등했었다. 아들이 가장 힘든 시간을 보낼 때에 불가리아로 간 나의 선택이 잘한 일이었다고 할 수 없다. 자녀가 어려움을 겪고 있을 때 부모로서 자녀와 함께 있어 주는 것이 우선되어야 하는데 나는 그러지 못했다. 하나님보다 자녀를 더 사랑해서가 아니라 자녀 또한 하나님이 내게 맡기신 사명이기 때문이다. 사역자들은 모두 하나님의 부르심에 언제든 순종한다고 다짐하지만 그 부르심이 자녀 옆자리일 수도 있다. 어쩌면 부모의 헌신의 시간은 자녀들에겐 외로움이요 아픔의 시간이 될 수도 있다는 것을 내가 너무 늦게 깨달은 것은 아닐까.

세금 환수 작전

2010년 겨울, 미국 영주권 연장을 위해 비자 인터뷰를 하려고 아들과 내가 한국에 있는 영사관을 찾았을 때 내가 영주권 사기를 당했다는 것을 알게 되었다. 아무 대책 없이 한국에서 미국 입국이 거절되었다. 그때 아들도 함께 영주권이 취소되었고 학생 비자를 발행해 주는 학교를 갑자기 찾아야 했다. 그렇게 정신없이 학교를 알아보고 입학 서류를 준비하던 그때 에젤선교회 앞으로 엄청난 액수의 세금 고지서가 날아왔다. 너무도 당황스러웠다.

비영리재단인데 세금이라니? 처음엔 뭔가 잘못되었다고 생각했다. 알아보니 토지를 기증받았는데 개인이 소유하고 있을 때와 달리 기증된 토지가 재단 명의로 변경되면 정관에 있는 목적대로 직접 선교에 사용되어야 하는데 그 땅은 보유 재산으로만 등재되어 있기 때문에 토지에 대해 세금이 매겨진 것이라고 했다. 국세청은 선교사를 파송하지 않고 여러 기관의 선교사들을 섬긴다는 것은 직접 선교가 아니기 때문에 에젤의 사역을 선교로 인정해 주지 않았다. 하나님을 위해 쓰자는 좋은 마음으로 토지를 재단에 기증한 일이 이렇게 세금폭탄으로 돌아오게 될지 전혀 알지 못했다.

설상가상으로 내가 미국에서 살고 있는 몇 년 동안 에젤 선교회의 재정 관리가 제대로 되지 않았던 문제도 있었다. 원래 추정된 세금에 몇 년째 누진세까지 붙어 상상을 초월하는 금액이 세금으로 청구되었다. 그리고 세금을 6개월 안에 전부 내지 않으면 세금만큼 토지가 국가에 귀속될 수 있다는 국세청의 공문이 왔다. 토지 가격이 공시지가로 계산이 될 터이니 그렇게 되면 에젤의 모든 토지가 국고에 묶이게 된다. 우리가 돕고 있는 수백 명의 선교사님은 어찌하란 말인가. 또 세금은 무슨 재정으로 지불하며 향후 운영자금과 앞으로 지속될 세금은 어디서 얻는다는 말인가.

나는 상황을 파악하는 것조차 버거웠고 세금 문제라는 단어들조차 너무 어려웠다. 전혀 예상 밖의 사건이 터진 데다가, 아무도 도움을 주는 사람이 없다는 것이 두려웠다. 절망적인 현실에 내가 무너지기 시작했다. 어떻게든 해결해야 한다는 생각만으로도 몸과 마음이 지쳐 버렸다. 세금에 대해 아무것도 아는 것이 없으니 모든 것이 당황스러웠다. 남편은 나에게 에젤을 그만 정리하는 것이 어떻겠느냐고 했다. 그동안 선교는 할 만큼 했고 세금 문제는 남편도 알아볼 만큼 알아봤지만 불가능한 일이라 어쩔 수 없다는 것이었다. 그러나 노력도 해 보지 않고 포기할 수는 없었다. 기간이 지체될수록 이자가 불어나고 과태료가 붙으니 나는 어떻게든 돈을 마련해 세금 전액을 납세해야 했다.

에젤 내부에서는 '누가 땅을 기증하라고 했나?', '우리가 쓰지도 못하는 땅 세금이나 내라고 헌금한 것인가?' 하는 뒷말들이 들렸다. 희망은 보이지 않은 채 나를 무너뜨리는 말들만 무성했다. 스트레스는 극에 달해 공황장애와 대상포진으로 입원을 했다.

내가 정말로 힘들었던 것은 동역자라고 생각했던 리더들이 짐을 나눠지기는커녕 방관하는 모습이었다. 나는 창립부터 지금까지 에젤선교회가 자금이 부족하지 않게 운영되도록 재정을 지원해 왔었다. 그런데 세금 문제가 생기니 재정을 관리하던 담당 집사님 두 분이 그냥 떠나 버리고 말았다.

철저히 혼자가 된 느낌이었다. 아니 도와 주고 싶어도 세금을 모르니 도와 줄 엄두가 나지 않았을 것인데 그때 내 마음은 그랬다. 그렇게 나는 회의감마저 들었고, 세상에서도, 에젤에게도 버려진 느낌이었다.

무엇보다 누진세까지 감당하지 않으려면 세금을 낼 재정

이 가능한 한 빨리 준비되어야 했다. 그런 상황에서 내가 선택할 수 있는 방법은 오직 땅을 팔아 재정을 마련하는 것이었지만 땅이 갑자기 팔리는가 말이다. 토지 매각을 해 본 경험이 전혀 없으니 토지 거래 가격의 적정선도 몰랐고 부동산에는 전혀 문외한이라 토지 매각도 내겐 또 다른 태산으로 다가와 숨통을 막았다. 이 어려운 시간에 나를 도와주신 유일한 목사님이 있었다.

나는 에젤선교회 이사장으로 섬겨 주시는 온누리교회 이재훈 담임목사님을 찾아갔다. 당시 이 목사님은 온누리교회 담임이 된 지 몇 달이 되지 않았을 때였다. 지금도 여전히 바쁘시지만 그때는 얼마나 더 정신이 없으셨겠는가. 그런데도 소명자료를 만드는 일에 누구보다 앞장서서 도움을 주셨다. 지금도 그것이 두고두고 감사하다.

나는 매일 서류를 뒤졌다. 내가 생각해 낸 문제의 해결 방법은 선교사님들에게 탄원서를 부탁하는 것이었다. 그때 150명이 넘는 선교사님이 에젤을 위해 기꺼이 참여해 주었다. 수백 페이지가 넘는 소명자료를 만들어 조세심판원이라는 곳에 갔는데, 변론을 위해 나에게 주어진 시간은 단 5분이었다.

판결하기 위해 20여 명이나 되는 사람들이 양쪽으로 길게 앉아 있었다. 먼저 그들 앞에서, 나는 하나님 나라와 선교사를 위해 일하는 사람이라고 밝혔다. 그리고 나보다 이 일을 더 잘할 사람이 있다면 토지는 물론 에젤의 모든 소유를 여기 있는 당신들에게 넘기겠다고 말했다. 그동안 에젤선교회가 하나님의 선교를 위해 해 왔던 사역을 서류로 다 제출했으니 자료를 검토해 보고 에젤선교회가 그 일을 하는데 적절한 기관이라고 생각한다면 납세한 세금은 부당하니 전부 돌려달라고 했다.

그러자 동반한 세무사가 밖으로 나와 나에게 야단을 쳤다. 지금 여기가 어딘데 그런 선교 이야기나 하고 있느냐는 것이었다. 나는 "5분 안에 세무 전문가들 앞에서 내가 무슨 소명을 할 수 있겠습니까? 이것이 진실이니 하나님이 일하심을 보게 하시겠지요"라고 대답했다.

다윗이 골리앗 앞에 서 있을 때의 모습이 이런 걸까. 남들은 다 안 될 거라고 했지만 나는 다윗의 물맷돌이 장수를 이겼듯이 '하나님은 방법이 있으시겠지'라는 믿음으로 나섰다. 아니 내가 할 수 있는 최선을 다했으니 하나님이 해결해 주셔야만 했다.

감사하게도 결국 에젤은 세금을 모두 돌려받았다. 나는 이 일을 경험하며 하나님이 에젤의 사역을 멈추지 않길 바라신다는 마음이 들었다. 물론 내가 아니어도 하나님은 또 누군가를 부르셔서 하나님의 선교를 이어갈 것이다. 내가 이 일을 처리하느라 영적, 감정적, 심리적으로 모두 바닥을 쳤어도 그래도 떠나지 않고 여전히 에젤과 함께하는 사람들이 있었다. 그분들은 이 부족한 리더를 품어 주었다. 많은 사람들이 에젤을 통해 선교를 알았다고 고백했다. 그때 받은 은혜가 지금까지 나를 도망가지 못하게 붙잡아 주고 있다.

에젤은 수입, 즉 헌금에 비해 섬기는 선교사 숫자가 많다 보니 지출이 많다. 이렇게 부족한 재정은 토지를 매각해 사용해 오고 있으니 언젠가는 에젤이 보유한 토지가 전부 매각되는 날이 올 것이다. 언제까지 이 사역을 할 수 있을지 나도 모른다. 그때가 와도 하나님께는 새로운 계획과 방법이 있지 않겠는가.

나는 세금환수 사건을 겪으며 재정에 대해 큰 훈련을 받았다. 모르면 배웠고, 없으면 찾으며 여기까지 왔다. 그것은 사역도 마찬가지였다. 모를수록 하나님에게 완벽하게 의지할 수밖에 없었다. 문제해결 방법과 지혜도 하나님이 알려 주셨다. 막다른 골목에 섰을 때 하나님은 다른 길을 열어 주셨다. 혼자라고 생각할 때 알지 못했던 새로운 돕는 자를 보내셨다.

이 일을 계기로 다시 한번 공동체가 무엇인지 고민하게 되었고 주의 일하심을 보게 하셨다. 무엇보다 내 힘과 능력이 아닌 철저하게 하나님을 의지하도록 나를 다루셨다.

PART 3

MESSENGER

"하나님의 위로를
전하고 싶습니다"

"내 백성을 위로하라"
(사 40:1)

발을 씻기며 만난 주님

'샤이닝 글로리'에 처음 봉사자로 섬길 때였다. 마지막 날 저녁 세족식을 섬겨야 하는데 나는 그때까지 세족식을 해 본 적도, 받아 본 적도 없었다. 진행에 관한 간략한 설명만 듣고 다른 봉사자들이 하는 걸 곁눈질로 보며 따라해야 하니 너무 긴장되었다.

얼마나 열심히 기도하며 발을 씻었던지 긴장한 탓에 땀이 비 오듯 흘렀다. 흐르는 땀을 닦자 손등에 피가 묻어 있었다. 순간 나는 혈관이 터져 버린 줄 알았다. 내가 세족해 드리던 분을 올려다 보니 이게 웬일인가. 예수님이 앉아 계시는 것이 아닌가. 너무 놀라 그 자리에 주저앉아 버렸다. 주변을 둘러보니 세족을 받는 사람도, 해 주는 사람도 모두 예수님의 모습이었다. 놀란 마음을 추스르고 나서야 그게 환상이라는 것을 알았다.

이 놀라운 경험은 지금도 내 기억 속에서 생생하게 살아 있고, 이후 에젤세미나에 세족식을 포함시킨 이유이기도 하다. 나는 세족식 때마다 에젤 팀원들과 이런 이야기를 나눈다.

"당신은 지금 선교사님이 아니라 예수님의 발을 씻겨 드리는 것입니다. 먼저 우리의 경건함을 위해 기도하십시오. 또한 앞에 있는 선교사님에게 우리가 예수님을 대신해서 발을 씻겨 드리는 것이니, 세족을 할 때 사역자의 상처와 아픔이 치유될 수 있도록 예수님을 대신하듯 진심을 다해 기도하며 진행해 주십시오."

2003년 요르단에서 있었던 일이다. 바그다드 출신 의대생이었던 바샤르(Bashar M. Yousif) 형제는 전쟁을 피해 요르단으로 이주한 이라크 난민이다. 그는 노규석 선교사님(현재 온누리M센터 담당목사)의 부탁을 받고 찬양과 기타로 세미나를 섬기면서 성령의 충만함을 받았다. 그가 세족을 담당한 목회자는 당뇨가 심했던 데다가 발을 다쳤기 때문에 의사로부터 물에 발을 담그면 안 된다는 이야기를 들었다고 한다. 그래서 세족을 할 수 없었는데, 바샤르는 그분의 발을 꼭 씻겨 드리고 싶어 했다. 바샤르의 간절한 모습을 보고 그 목회자는 믿음으로 발을 물에 담갔다.

다음날 기적이 일어났다. 목회자의 발에 마치 어린아이

같은 새살이 돋아난 것이다. 노 선교사님의 주선으로 바샤르 형제는 이후 한국에서 신학을 공부하고 본국으로 돌아가 주의 종의 길로 자신의 삶을 드리게 되었다.

2012년 튀르키예 김진영 선교사님으로부터 앙카라에서 진행될 연합 중보기도 모임에 세족식을 부탁 받았다. 모임에는 500여 명의 튀르키예 목회자와 한국 선교사 그리고 미국에서 온 목회자가 참여했다. 참석자 중에는 세족식을 한 번도 해 보지 않은 사람이 꽤 많았다.

그런데 문제가 있었다. 참석자는 500명이 넘었는데 에젤 봉사자는 단 일곱 명뿐이었다. 일반적으로 세족식은 저녁 시간에 진행하는데 프로그램 상 우리에게 주어진 시간은 점심식사 이전 고작 40분이었다. 모든 프로그램은 터키어, 영어, 한국어로 통역하면서 진행했기 때문에 실제 세족식은 20분 내로 마무리해야 했다. 주어진 시간이 턱없이 부족했다. 세족식의 은혜를 충분히 전달하지 못하면 어쩌나 걱정이 되었다.

세족식이 모두 끝난 뒤 튀르키예 목사님 한 분이 강대상 앞으로 나왔다. 세족식을 하면서 하나님께서 자신에게 주신 마음이라며 튀르키예가 역사적으로 주변국에 여러 잘못을 자행했지만 (마치 일본과 한국의 관계처럼) 정치적으로 한 번도 회개와 반성을 하지 않았음을 국가를 대표해 사죄했다. 그러자 누가 먼저랄 것도 없이 그날 모인 각국 대표들은 앞으로 나와 서로가 서로에게 용서를 구하고 사과하며 부둥켜 안았다. 그렇게 모인 500여 명의 사람들이 손을 붙잡고 춤을 추며 한 시간 가량 치유의 시간을 가졌다. 상처와 아픔을 뛰어넘는 자유함이었다.

어린 자녀를 둔 젊은 미국인 선교사가 뒤따라 간증을 했다. 이곳 튀르키예에서 남편 선교사가 무슬림에게 살해를 당했다고 했다. 남편이 살해를 당한 이후 트라우마를 겪으며 매우 힘든 시간을 보내고 있었는데, 세족식을 하면서 자유를 얻게 되었다고 고백했다. 그녀에게 튀르키예는 남편을 잃은 고통 가득한 땅이었지만, 이제는 남편이 사랑했던 땅 튀르키예에서 아이들과 함께 선교를 이어 가겠노라며 담백하게 나눠 주었다.

나는 회개와 용서 그리고 사랑과 회복이 일어나는 역사의 현장을 왕왕 목격한다. 믿는 자들이 하나가 되고, 서로를 용서하고 용서받는다면, 우리는 예수님의 세족을 경험하는 것이다. 그렇게 우리 모두가 그리스도 예수의 사랑으로 회복될 수 있다면, 하나님 나라는 곧 도래할 것이라는 믿음이 생긴다.

상처받은 마음을
씻는 시간

2016년 에젤선교회가 섬긴 두 번째 연합 중보 기도 모임은 갑바도기아에서 열렸다. 에젤은 4박 5일 동안 중보기도팀에 합류했다. 우리는 세족식을 비롯해 헌금 계수까지 도와드리고 사역을 마무리했다.

그때 키가 큰 선교사님 한 분이 나를 찾아왔다. 난민 두 사람과 함께 왔다. 선교사님은 며칠 전 하나님이 이들을 이곳에 데려가라는 마음을 주셔서 함께 참석한 것이다. 그들은 시리아 무슬림 여성이었다. 예수님에 대해 전혀 알지 못했던 자매들은 이번 집회에 참석하면서 자신이 꿈속에서 만난 남자가 예수님이었다는 것을 깨달아 알게 되었고, 세족식이 이루어지던 자리에 다시 예수님을 만났다고 했다. 행사에 참석했던 그 많은 사람 가운데 오직 그들만 예수님을 보았던 것이다. 나도 그 자리에 있었지만 예수님을 보지 못했다. 모든 일정을 마치고 이들은 다시 난민촌으로 돌아갔다. 우리는 그 뒤 그녀들의 소식은 듣지 못했지만 아마도 이들을 통해 그 난민촌에도 예수님의 소식이 전해지지 않았을까 기대해 본다.

세족식에서 인생을 바꾸는 기적은 봉사자로 참여한 이들에게도 나타났다. 내가 멘토로 섬기던 온누리교회 프리즘 공동체의 청년들이 2011년 인도네시아에서 진행된 에젤세미나에 함께 동참한 적이 있다.

봉사자로 참여한 유*선 자매는 사업을 하는 부모님을 따라 인도네시아에서 성장했다. 그곳에서 오랫동안 이민자로 살아왔기에 그녀는 한 번도 현지인들을 사랑하고 섬겨야 하는 대상이라고 생각하지 못했다고 했다. 자매는 인도네시아 목회자들의 발을 씻기며 무의식 속에 잠재된 자신의 우월감과 편견을 보게 된 것이다. 세족을 모두 마친 후 자매는 제자들의 발을 씻기시던 예수님의 마음을 조금이나마 알게 되었다며 눈물을 흘렸다. 이제는 하나님이 사랑하시는 인도네시아인들을 진정으로 사랑하며 섬길 수 있는 용기가 생겼다고 고백했다. 지금 그 자매는 결혼 후 세 아들과 함께 스리랑카에서 남편과 선교사로 살아가고 있다.

그날 세족식에 참여한 이윤경 자매의 눈물의 고백도 떠

오른다.

"발목을 잡고 기도를 시작할 때부터 눈물이 흘렀습니다. 그 발이 주님의 발이라 생각하니 눈물을 참을 수 없었습니다. 주님이 제자들의 발을 친히 씻기시며, '이리하지 않으면 너희와 나는 상관이 없다' 하신 말씀이 떠오릅니다. 왜 꼭 그리하셔야만 했는지, 나의 손으로 거친 발을 만지며, 체온을 느끼며 발을 씻길 때 비로소 알 수 있었습니다. 내 앞에 앉아 있는 분의 흐느낌이 내 손을 타고 온몸으로 전해집니다. 세족을 통해 우리는 하나가 되었습니다." 이 고백을 한 윤경 자매는 목회자의 아내가 되었다. 이렇게 하나님은 뜻하지 않은 곳에서 뜻하지 않은 방법으로 예수님을 만나게 하셨다.

그날 고석상 형제는 세족식을 하려는데 갑자기 앞에 앉은 현지인 목사님의 발이 슬리퍼를 신은 예수님의 발처럼 보였다고 한다. 두려워서 감히 세족식을 할 수도 없었는데 그 목사님이 자신을 도닥이며 마치 예수님처럼 위로해 주셨고 목사님이 형제의 발을 씻겨 주었다고 했다.

누가 누구의 발을 씻기는가는 중요하지 않다. 어떻게 누가 예수님을 만나는지 그것이 중요하다. 세족식은 발이 아닌 상처받은 마음을 씻고 닦아 주는 시간이다. 우리를 향한 주님의 마음과 사랑을 피부로 경험할 수 있는 순간이며 누군가에겐 인생이 변하는 아주 특별한 시간이 되기도 한다.

진정한 화평을
이루신 하나님

일전에 하용조 목사님과 함께 방문했던 화평학교에서 편지가 왔다. 신디사이저가 필요하니 기도해 달라는 중보기도 요청이었다. 필요하다는 신디사이저를 보냈고 이것을 계기로 화평학교 교사 선교사들을 대상으로 에젤세미나를 부탁받았다. 1999년, 이것이 에젤선교회의 첫 해외 사역이 되었다.

온누리교회 스타일의 회복사역을 준비하려면 봉사자가 못해도 서른 명은 필요했다. 당시 에젤에는 그럴 만한 팀이 갖춰지지 못한 상태였다. 나는 두란노서원의 직원들과 내가 일대일 양육을 하고 있던 청년부 자매 두 명을 포함해 총 10여 명으로 찬양팀, 연주자, 영상담당 그리고 세미나 진행을 위한 장식과 간식팀을 꾸려 중국으로 출발했다.

처음 시작하는 해외 사역이라 모든 것이 부족했기 때문에 긴장이 되었다. 지난번 방문했을 때 교사 선교사들 사이에 관계의 어려움이 있어 보였던 것을 기억하고 있었지만 과연 어떻게 그들에게 다가갈 수 있을까 걱정이 되었다. 최선을 다하면 우리의 진심은 통하지 않을까 하는 마음 하나, 그리고 주님이 은혜를 주셔야만 한다는 고집이 있었던 것 같다.

모든 강의는 고(故) 김사무엘 목사님께 부탁드렸다. 김 목사님이 강의를 하시다가 갑자기 나에게 '회개의 편지'라는 의식을 진행하고 싶다면서 종이와 커다란 화로 같은 것을 구해오면 좋겠다고 하셨다. 나는 일단 알겠다고 대답하고는 다급히 호텔을 둘러보았다. 편지를 쓴 종이는 꽃장식을 위해 가져간 얇은 습자지가 있었지만 문제는 화로였다. 호텔 직원들에게 물어봐도 화로는 구하기가 어려웠다.

어찌해야 하나 난감했다. 당시 영하 30도를 밑도는 추운 날씨였지만 초조한 마음으로 마당으로 나가 하늘을 올려다 봤다.

"하나님, 저 화로가 필요해요."

그런데 그때 마당 한쪽에 돌 항아리 같은 것이 보였다. 가까이 다가가 보니 동으로 만든 작은 화로였다. 직원들에게 이걸 사용해도 되는지 물어보니 자기들은 이게 갑자기 어디서 생겼는지 모르겠다며 처음 보는 물건이라고 했다. 나는 일단 그것을 얼른 씻어서 목사님에게 가져다 드렸다.

하지만 실내 곳곳에 화재경보기가 설치되어 있었고 초를 키고 종이를 태우는 것이 가능할 것 같지 않았다. 그때 갑자기 호텔에 전기가 모두 나가 버렸다. 호텔 측에서는 우리가 준비해 간 초를 사용하도록 했다. 우리는 계획대로 초를 밝히고 회개의 편지를 태우는 의식을 할 수 있었다. 더 놀라운 것은 우리의 의식이 끝나자마자 호텔의 모든 전기가 다시 들어온 것이다. 호텔 측에서는 오히려 우리에게 초를 준비해 와서 고맙다는 인사를 했다. 각본을 짜도 이럴 수 있나 싶을 만큼 기막힌 타이밍이었다.

그뿐이 아니다. 나는 천진에 도착하자마자 애찬에 사용할 빵을 미리 주문해 두었다. 그런데 당일 애찬 시간이 가까워져 오는데도 주문한 빵이 오지 않았다. 주문서를 다시 확인하니 날짜가 다음 날로 되어 있는 것이 아닌가! 더군다나 내가 선교사님에게 식빵을 요청했는데, 선교사님은 애찬용인지 모르고 간식용으로 달고 맛있는 밤빵을 주문했다고 하셨다.

무슨 빵이든 상관없었다. 일단 뭐라도 있어야 했다. 당장 어디 가서 빵을 구해야 하나 난감했던 순간, 배달원이 까만 봉지를 들고 선교사님을 찾았다. 배달원은 주문한 빵이라며 봉지를 내밀었다. 우리는 너무 신기해서, 어떻게 내일 날짜로 주문했는데 오늘 왔는지 물어 봤다. 그랬더니 배달원이 깜짝 놀라며 "앗, 정말 내일이네요!"라면서 내일 다시 오겠다고 했다. 우리는 그 사람 손에서 얼른 빵 봉투를 받았다. 밤빵이라도 일단은 필요했다. 그런데 봉지를 열어 보니 이게 웬일인가. 우리는 또 한 번 놀라고 말았다. 그 빵은 식빵이었다! 선교사님은 빵을 손에 들고 나와 소리를 지르며 울었다.

준비팀들도 문 밖에서 서로 손을 붙잡고 감동의 눈물을 흘렸다. 빵 하나가 이렇게 감격스러울 수가 있을까?

오랜 시간이 지나 당시 화평학교 교장이던 이병현 선교사님으로부터 그날에 있었던 또 다른 감동을 전해 들을 수 있었다. 당시 학교 운영의 전문성을 고려해 교감 선생님 한 분을 초청했는데, 교감 선생님과 교장이신 이 선교사님 사이에 학교 경영 방식을 두고 마찰이 생겼다고 했다. 갈등이 고조되었을 무렵 에젤이 손을 내밀었던 것이다.

마지막 밤 기도 중 이 선교사님은 하나님께 학교가 왜 그 모양이냐고 하시는 꾸중을 들으셨다고 했다. 세족식을 하며 부족한 재정 탓에 젊고 헌신된 교사들에게 고생을 감내하라 다그치기만하고 사랑으로 감싸지 못했던 자신의 모습을 마주할 수 있었다. 하나님 앞에 천진 화평학교에서 일어난 불화의 모든 책임이 자신에게 있다고 회개했다. 그런데 기도를 마치고 고개를 들어 보니 교감 선생님이 앞에 서 있었다. 그분은 자신이 교장 선생님을 고집 센 어른으로 치부하고 순종하지 못했던 것을 사과하며 오열했다.

그날 그렇게 화평학교에는 선교사들이 서로 회개하고 용서를 구하며 진정한 화평이 찾아왔다. 오랜만에 뜨겁게 찬양하고 기도하며 메말라 가던 선교사들의 심령을 위로하고 꽃향기를 품게 해 주었다고 진심으로 고마워하셨다.

하나님은 정말 한 치의 오차도 없이 완벽하신 분이다. 우리 능력이 부족하고 때론 실수를 하기도 했지만 천진에서 하나님은 모든 일을 완벽한 타이밍으로 바로잡아 주셨다. 할렐루야!

온전한 사랑과 회복은 오직 예수 그리스도로부터 가능하다. 이렇게 에젤세미나는 새로운 주님을 경험하는 통로가 되고 에젤은 주님의 새로운 역사가 되길 기도한다.

선교는 진행형

기도를 하거나 기도편지를 보고 있으면 가끔 하나님의 위로가 필요한 사람이나 또는 어떤 지역이 떠오를 때가 있다. 연락을 해 보면 선교 제한 지역에서 내가 종종 듣게 되는 말이 있다.

"에젤의 마음은 알겠지만 여기는 보안 때문에 안 돼요."

신앙의 자유가 없는 나라, 복음을 전하기 어려운 나라들의 상황을 내가 모르는 것은 아니다. 오히려 나는 그런 말을 들으면 '여기로 가는 것이 맞구나. 하나님의 전능하심을 보여 주길 원하시는구나' 하고 마치 하나님의 뜻을 확인받는 느낌이 들기도 한다. 인도네시아가 그랬다.

2012년 어느 날, 에젤이 인도네시아에 가길 원하시는 하나님의 마음이 전해졌다. 가끔은 왜 그곳에 가야 하는지 현장을 가 봐야 이유를 알게 되기도 한다.

인도네시아로 떠나기 전, 무슨 이유에서인지 하나님이 내게 세미나 진행에 필요한 경비 외에 목돈을 달러로 환전해 준비해 가라는 마음을 주셨다. 나는 그 돈이 어디에 쓰일지 전혀 알지 못했다. 그러나 하나님이 어딘가 쓰실 곳이 있겠지 하는 마음으로 추가 재정을 따로 준비해서 가져갔다.

인도네시아는 인구 2억 8천만 명의 세계 최대 이슬람 국가다. 게다가 우리가 가는 지역은 인도네시아 중에서도 외국인 선교가 금지되어 있는 팔렘방 지역이었다. 그곳 선교사님들은 대부분 신분을 감추고 사역을 하신다. 신분이 드러나면 그 즉시 추방될 수 있는 곳이기 때문이다. 그래서인지 당시 팔렘방본부 대표였던 김*주 선교사님(현재 온누리교회 이천선교본부장)은 보안 문제로 몹시 긴장하시는 것 같았다.

에젤세미나가 열린 호텔은 선교사님들이 비밀 회의를 할 때 자주 사용하던 장소였다. 얼굴이 드러난 선교사님들의 안전상 문제가 생길 수 있다는 점에서 보안에 각별한 주의가 필요했다. 호텔 측에서는 폭탄 테러를 대비해 출입하는 모든 투숙객의 짐 가방을 열어 일일이 보안검사를 했는데, 그 풍경도 우리를 주눅들게 했다. 거기다 밤 10시가 되면 다른 투숙객을 위해 모든 행사를 끝내야 했다.

사실 인도네시아 팔렘방 같은 지역에서 예수님의 이름으

로 세미나를 진행할 계획을 했다는 것 자체가 은혜다. 세미나에는 한국 선교사님들과 협력하고 있는 현지 목회자 40명도 초대되었는데, 그들은 신분이 드러나면 한국인 선교사님들보다 더 위험한 상황에 처할 수도 있었다. 인도네시아는 예수의 이름으로 모이기도 어렵고, 신앙을 드러낼 수도 없는 나라이지만 은혜를 사모한 몇 분의 헌신과 믿음이 있어서 세미나가 가능했다.

김 선교사님은 세미나 마지막 날 이른 아침 한국 선교사들끼리 따로 모여 기도하며 나누었던 이야기를 전해 주셨다. 우선 에젤 사역을 함께 진행하면서 선교사님들은 그동안 보안을 염려하여 더 많이 같이 기도하지 못했던 자신들의 모습을 회개했다고 한다. 한편으로는 한국에서처럼 자유롭게 기도할 수 있는 기도처소가 있었으면 좋겠다는 간절함이 생겼다고 했다. 김 선교사님은 가능한 일은 아니지만 보안 문제를 해결하기 위해서 1층은 현지인이 운영하는 목공예품을 만드는 장소로 꾸미고, 2층에는 세미나실을, 3층에는 방음 처리가 된 기도실을 만들어 마음껏 소리내며 기도하고 싶다고 하셨다.

나는 그제야 인도네시아에 들어올 때 하나님이 따로 재정을 준비하라고 하셨던 이유를 알았다. 세미나가 끝날 때까지 계속 살펴도 돈의 사용처를 알지 못해서 그 돈을 도로 들고 돌아가야 하는 건가 고민하던 찰나에 '바로 이것이구나!'

하는 확신이 들었다. 나는 가져온 돈을 선교사님에게 내밀면서 말씀드렸다.

"선교사님, 하시면 되잖아요! 일단 이 작은 헌금으로 시작해 보세요."

그러자 김 선교사님은 놀라 손사래를 치며 사양하셨다.

"권사님, 여기는 인도네시아입니다! 이것은 어디까지나 꿈이자 소망일 뿐이지요."

내가 돈을 마련하게 된 자초지종을 설명하자 선교사님은 그제야 알겠다는 듯이 말씀하셨다.

"그러면 이렇게 합시다. 제가 재정을 갖고 있으면 부담만 되니, 이 일이 가능해지면 그때 주세요."

그러나 나는 설득 반 강제 반으로 가져간 재정을 에젤팀 모두가 보는 자리에서 김 선교사님께 전해 드리고 돌아왔다.

귀국 후 에젤은 팔렘방의 기도처소를 놓고 중보기도를 이어 갔다. 그런데 얼마 후 뉴스를 통해 인도네시아 지도자 중에 기독교에 우호적인 성향의 사람이 정권에 들어오게 되었다는 소식을 들었다. 게다가 팔렘방 지역에 한류가 들어가기 시작하면서 사회적인 분위기가 급속도로 한국인에게 호의적으로 바뀌어 갔다. 이재훈 담임목사님의 결정으로 그곳에 비전센터 건립이 추진되었고, 정치적 급물살까지 타면서 선교사님들이 상상만 하던 일이 실제로 이루어지게 되었다.

하나님은 김 선교사님이 꿈꾸던 대로 방음이 완벽한 기도처소를 그 땅에 세우셨다. 중보기도를 시작한 지 2년 만의 일이었다. 비전센터 오픈식에는 이재훈 담임목사님과 몇 분이 동참했고 나도 참석했다.

그날 있었던 웃지 못할 에피소드가 하나 있다. 서울서 간 팀들이 센터에 도착하자마자 김*화 선교사님이 나를 다급히 부르시더니 화장실로 데려갔다. 그러면서 화장실 변기가 막혔다고 내게 기도를 부탁하셨다. 잠시 황당한 마음이 들기는 했지만 그곳이 조용하고 기도하기 좋았다. 기도를 하는데 눈물이 흘렀다. 그동안 마음껏 기도하고 싶어도 하지 못했던 분들인데 이제는 화장실 변기가 막혀도 기도하면 뚫린다는 믿음이 생겼다고 생각하니 너무나 감격스러웠다. 모르는 분들이 보면 웃을 일일지 몰라도, 나는 이곳 선교사님들이 이제는 모든 일에 기도로 살아가겠다는 것을 알 수 있었다. 선교사님들이 이렇게 기도로 자신감을 회복하고 선교의 방향들이 긍정적으로 바뀌고 있다면, 하나님은 척박한 이 땅에도 충분히 복음의 길을 내시고 구원의 우물들을 드러내시겠구나 하는 마음에 감격스러웠다(기도했지만 화장실 변기가 뚫리지는 않았다).

누군가는 말한다. 이 비전센터가 생기게 된 것은 나로 말미암았다고. 그러나 내가 한 일이 아니다. 나는 하나님이 어떤 계획을 갖고 계신지 알지 못했다. 에젤은 인도네시아 선교사들의 오랜 기도와 꿈이 무엇인지 찾았고 그 꿈을 이루려는 시작점에 함께 초대받은 사람들일 뿐이다. 그렇게 선교사님들이 소망했던 기도처소는 비전센터로 탄생하였다. 현재 여러 선교 기관과 그 장소를 공유하고 있다고 들었다. 에젤은 늘 이렇게 작은 섬김을 통해 크신 하나님을 경험한다. 이것이 에젤이 누리는 축복이다.

우리의 기도는 눈에 보이는 것이 없어도 멈추어서는 안 된다. 건물이 세워졌다고 다 끝난 것이 아니다. 선교는 늘 진행형이다. 우리의 기도가 쌓이면 언젠가 인도네시아 전 지역에서 십자가를 쉽게 볼 수 있을 것이다. 그날을 기대하며 모든 시선을 주님께 드린다.

초콜릿으로
교회를 세우다

2001년 9월 11일, 이메일 한 통을 받았다. 미국
에 계신 크리스 해리슨 목사님에게서 온 것이었다. 목사님
은 앞뒤 설명도 없이 "뉴스를 보라"고만 쓰셨다. 요즘처럼 포
털사이트로 뉴스를 찾아보는 시절이 아니다 보니 나는 일단
집으로 돌아오자마자 TV를 켰다. 그런데 AFKN을 틀자마자
뉴욕의 세계무역센터가 무너지는 장면이 방송되고 있었다.
나는 그대로 바닥에 주저앉아 버리고 말았다.

사실 하루 전, 나는 높은 건물이 불에 타고 무너지는 꿈을
꾸었다. 뉴스를 봐도 특이한 사건은 없었다. 그래서 미국에
있는 크리스 해리슨 목사님에게 내가 꾼 꿈에 대해 이메일
을 보냈던 것이다.

911사태를 통해 인간이 저지르는 죄악이 어떤 모습인지, 잘못된 종교적 신념이 얼마나 많은 무고한 생명을 앗아갔는지 전 세계가 TV를 통해 지켜보았다. 모두를 경악하게 만든 이 엄청난 사건은 내게도 큰 충격이었다. 나는 에젤선교회가 무엇을 할 수 있는지 찾아야 했다.

2003년 5월, 2년이 지나서야 비로소 에젤선교회는 이라크 교회를 돕기 위한 재정을 마련하기 위해 바자회를 기획할 수 있었다. 어떤 물품을 판매할까 고민하던 중에 한 사모님이 아는 성도의 초콜릿 공장이 문을 닫게 되었다면서, 고급 초콜릿인데 그곳 제품을 싼 값에 구입해 판매수익금으로 재정을 마련하면 어떻겠느냐고 제안해 주셨다.

많은 사람이 반대했다. 한국 사람들은 초콜릿을 잘 사지 않는 데다가, 그때가 한여름이었기 때문에 보관하고 판매하는 과정에서 변질 우려도 있었다. 냉동차를 빌려야 한다면 그에 따르는 비용 문제도 발생한다. 또한 우리가 선불로 지불해야 하는 초콜릿 구매 대금 또한 만만치가 않았다. 하지만 모두의 예상을 깨고 우리는 그 한여름에 초콜릿 상자 7천 개는 물론, 추가로 구매한 3천 개도 모두 팔았다. 비전이 확실하면 사람들은 마음을 모으고 지갑을 연다는 것을 배웠던 순간이다.

재정은 준비되었지만 이라크에는 아는 선교사가 한 명도 없었다. 누구에게 어떻게 헌금을 보내야 할지도 몰랐다. 그런데 마침 온누리교회가 그곳에 한인교회를 세우려 한다는 소식과 그 일을 위해 김사무엘 목사님이 정탐을 간다는 이야기를 전해 들었다. 나는 김 목사님에게 전화를 걸어 에젤이 2주 동안 초콜릿을 판매한 돈을 이라크 목사님에게 전해 달라고 부탁했다.

김 목사님은 당시 아는 현지인 목회자도 없을뿐더러 바그다드에는 하루밖에 머물지 않는다고 하시며, 만약 현지 목회자를 만나지 못하면 그 헌금은 어쩌면 좋겠냐고 걱정하셨다. 나는 만약 그렇게 된다면 헌금을 도로 가져와 달라고 했다. 분명 김 목사님은 방법을 찾을 것이다.

김 목사님 일행의 바그다드 일정이 이틀로 연장되었다. 그 사이 누군가 김 목사님에게 기독교인 주소를 알려 주기에 찾아갔는데, 집에는 아무도 없었다. 아쉬운 마음에 목사님은 대문에 호텔 이름과 전화번호를 적은 메시지를 남겨 놓고 왔지만 하루를 꼬박 기다려도 찾아오는 이가 없었다.

다음 날 누군가 김 목사님의 숙소 방문을 두드렸다. 문을 열어 보니 한 이라크 남성이 서 있었다. 얼굴을 마주한 둘은 서로 "당신은 누구십니까?" 하고 물었다. 이라크 남성은 자신은 목사이고 집 문 앞에 남긴 메모를 보고 찾아왔다고 했다. 그 말에 김 목사님은 너무나 기뻐 그를 와락 끌어안았다. 더 놀라운 것은 그는 지금 가정교회를 시작했고, 예배를 드릴 만한 교회 건물을 찾고 있다는 것이었다. 적당한 곳이 있기는 했지만 전쟁으로 인해 내부가 폐허가 되어 당장 그곳에서 예배를 드릴 수는 없었다. 그렇다고 가진 돈이 넉넉한 것도 아니니 일단 그 장소에서 매일 여리고 성 기도를 하고 있었다. 그런데 그가 기도를 마치고 집에 돌아오자 그 쪽지가 붙어 있어 무슨 일인지도 모른 채 연락처를 따라 호텔로 김 목사님을 찾아 왔던 것이다.

김 목사님은 그분에게 초콜릿을 판매한 수익금을 전달했다. 한국에서 많은 사람이 초콜릿을 팔아 이라크에 교회를 세우기 위해 헌금을 모아 왔다고, 폐허가 된 이 땅에 하나님이 교회를 세우시길 원한다는 말도 함께 전했다. 두 목사님은 서로 끌어안고 한참을 울었다. 국적도 다르고 일면식도 없는 사람들이지만 하나님 아버지의 마음을 함께 느끼고 있었다. 무너진 땅을 복음으로 다시 회복하길 원하시는 아버지의 마음, 한 영혼도 포기하지 않으시는 그 아버지의 사랑을 말이다.

그분이 갓산 토마스(Ghassan L. Thomas) 목사님이다. 오래지 않아 그는 김 목사님에게서 전달받은 헌금으로 교회를 재정비했다는 소식을 보내 왔다. 갓산 토마스 목사님은 그날 김 목사님과의 만남으로 자신의 인생이 완전히 새롭게 되었다고 고백했다.

부활을 꿈꾸게 하다

　　이라크를 위한 에젤의 기도는 계속되었다. 헌금을 전달하고 또다시 2년이 지났을 무렵, 하나님이 이라크 목사님들을 위해 에젤세미나를 하기 원하신다는 마음을 주셨다. 하지만 이라크에 있던 노규석 선교사님을 비롯해 한국 선교사님들은 모두 인근 중동지역으로 이동한 상태였고, 한국인은 이라크에 입국할 수 없는 상황이었다. 나는 의아했다. 이라크는 한국 사람들이 더 이상 들어갈 수가 없는데 하나님은 어떻게 에젤세미나를 하라고 하시는 걸까? 그때 하나님은 말씀하셨다.

　　"이라크 목회자를 섬기라고 했지 이라크에 들어가라고는 하지 않았다."

이건 무슨 뜻이지? 그렇다면 어디에서 세미나를 진행한단 말인가. 이라크는 물론 요르단조차 테러가 자주 발생해 에젤세미나를 열기는 어려운 상황이었다. 하지만 이런 어려움 속에서도 결국 이라크 목사님들을 위한 에젤세미나를 요르단에서 개최하기로 최종 합의를 보았다. 노 선교사님은 여러 루트를 통해 이라크 사역자들을 요르단으로 초청했다. 감사하게도 초청받은 현지 목사님들은 어려움을 감수하고라도 그들의 영적 갈급함을 채우기 위해 세미나 참석을 위해 요르단으로 넘어오겠다고 했다.

사실 현장에서 모든 위험을 감수해야 하는 노 선교사님은 갈등과 부담이 컸을 것이다. 이라크에서 목회자들이 국경을 넘어 요르단으로 비행기를 타고 온다는 것은 그들이 어떤 위험 부담을 감수해야 하는 것인지 누구보다 잘 알고 있었다. 때문에 많은 우려를 하셨다. 하지만 그들의 간절함을 보시고 노 선교사님도 이들을 위해 큰 결단을 하신 것이 아닌가 하는 생각이 들었다.

노 선교사님은 이라크에서 한꺼번에 60여 명의 사역자가 들어오면 의심을 받을 테니 여러 번에 나누어 들어오는 것을 제안하셨다. 당시는 폭탄 테러가 곳곳에서 발생했기 때문에 같은 비행기를 타는 것도 위험했고 도착해서 대형 버스로 한꺼번에 호텔로 이동하는 과정도 위험 부담이 있었다. 그런데 갑자기 차를 빌려주겠다는 사람들이 나타났다. 사역에 필요한 중형 버스가 하나둘씩 모이기 시작했다.

이라크를 출발한 58명 중 56명이 요르단에 입국했다. 두려움과 기대감으로 세미나가 시작되었다. 둘째 날 갑자기 호텔로 공안이 검문을 나왔다. 그때 마침 옆쪽 홀에서 결혼식이 열리고 있었다. 중동 문화에서는 모르는 행인도 기쁨을 같이 나누는 것은 이상한 일이 아니라서, 이라크 목회자들은 마치 결혼식에 참석한 하객인 것처럼 슬그머니 자리를 이동했고 한국인 봉사자는 자리를 지켰다. 다행히 공안들은 눈치채지 못했다. 사역을 하다 보면 가끔 이렇게 가슴을 쓸어내리는 상황이 연출되기도 하지만, 그 너머 하나님 손 안에서 진행되는 한편의 드라마를 보는 현장이 되기도 한다.

이라크 세미나의 주제는 '부활'이었다. 전쟁으로 인해 많은 이라크 사람이 죽음에 대한 두려움 속에서 살아가고 있었다. 하루가 멀다 하고 폭탄 테러가 일어났고 사람들은 언제 죽을지 모른다는 공포 속에 사로잡혀 있었다. 대낮에도 폭탄 테러가 도처에서 발생했다. 해가 지면 거리는 온통 어둠이었고, 기독교인들을 향한 무장 단체들의 공격이 이어졌다. 기독교가 곧 미국이라 여긴 탓인지도 모르겠다.

에젤세미나에 참석한 목회자들은 이라크에서 하루도 편한 날 없이 두려움과 긴장감 속에서 지내다가 2박 3일의 짧은 시간 동안 자신들의 끔찍한 현실을 잊고 영혼의 쉼을 얻었다고 말했다. 그리고 하나님이 자신들을 얼마나 사랑하고 계신지를 깨닫게 되었다고 했다. 어떻게 하면 복음과 예수님의 사랑을 전할 수 있을지 나누기 시작했다. 어느 목사님은 하나님께서는 분명 이라크의 죽음의 밤을 생명이 임하는 새벽으로 바꾸실 것을 믿는다는 눈물의 고백을 나누며 기도했다.

한편 이라크 세미나를 통해 우리 안에는 기본적으로 무슬림에 대한 오해가 있다는 것을 알게 되었다. 자라 보고 놀란 가슴 솥뚜껑 보고 놀란다고, 강경파 무슬림들이 저지른 경악할 만한 소행으로 생긴 트라우마도 한몫했다. 그러나 우리는 정보를 정확히 분별할 필요가 있다. IS 같은 과격 무슬림은 극히 일부일 뿐 모든 무슬림들이 폭탄 테러를 일으키는 존재는 아니라는 점이다. 거기다 기독교인들에겐 이삭과 이스마엘에 대한 이야기 때문에 이스마엘은 나쁘고 이삭은 좋다는 이분법적인 인식이 있다. 그러나 내가 만난 무슬림들은 흔쾌히 나누고 손님 접대하기 좋아하는 이들이 대부분이다. 물론 무조건적으로 그들을 옹호하자는 말이 아니다. 타종교에 대한 올바른 지식 없이 일부를 보고 판단하거나 정죄하지 않았으면 하는 마음이다.

무슬림들이 예수를 모르기 때문에 누군가 복음을 전해야 하는 것은 맞다. 그러나 그들이 태어나면서부터 배우는 신앙과 문화에 대해서는 존중해 줄 필요가 있다. 911 사태 이후 몇몇의 강경파 때문에 모든 무슬림이 마치 범법자라도 된 것처럼 손가락질을 받는 현실을 TV를 통해 보면서, 나는 역으로 몇몇 기독교인이 잘못했을 때 기독교 전체가 욕을 먹고 나아가 하나님이 세상의 비난을 받게 될 수도 있겠다는 생각을 했다.

이라크 전쟁이 일어났을 때 그곳 목사님들은 하나님이 자신들을 잊으셨다고 여기기도 했지만, 목숨을 걸고 찾아와 준 한국 성도들을 통해서 하나님은 살아 계시고 이라크를 사랑하신다는 것을 다시 알게 되었다고 했다. 하나님은 세미나에 참석한 이라크 목사들에게 "나는 너희의 하나님이다"라고 말씀해 주셨다.

노 선교사님은 그날의 감동을 기도편지에 남겼다.

"이라크 목사님들은 돌아오는 내내 세미나 이야기로 꽃을 피웠습니다. 사실 첫날에는 다들 시내에 나가고 싶어 야단이었죠. 바그다드에서는 느낄 수 없었던 자유를 맛보고 싶었기 때문입니다. 그러나 은혜가 임하자 밤이 늦도록 뜨겁게 기도하며 주님의 만지심을 간절히 사모했습니다. 이라크 목사님들은 에젤선교회를 통해 한국교회가 자신들을 섬기고 사랑해 주는 모습에 진심으로 감사를 표했고, 이라크 교회들도 서로 사랑으로 연합하자는 고백들을 하기 시작했습니다. 그동안 이라크에서 경험한 전쟁과 죽음,

상처와 폭력을 극복할 수 있는 것은 예수님이 보여주신 섬김과 사랑밖에 없음을 그분들 스스로가 고백한 것이지요. 저는 아직도 그날의 감격에 심장이 뜁니다. 에젤의 이라크 세미나는 끝나지 않았습니다. 이 땅이 죽음과 분열을 넘어서 십자가 안에서 믿음으로 승리할 수 있도록 기도해 주세요. 기도 외에는 어떤 것도 이라크를 변화시킬 수 없습니다. 각 교회 목사님들과 리더들이 어떤 위협과 죽음의 공포 속에서도 교회와 양떼를 지키는 참된 목자가 될 수 있도록 기도해 주세요. 이라크와 중동의 부흥은 이제 시작되었습니다. 할렐루야."

편지를 읽으며 나 역시 가슴이 뛰었다. 에젤이 이라크 부흥에 마중물이 될 수 있게 하심에 너무도 감사했다.

세미나 이후 참석했던 목회자들을 주축으로 지하 교회들이 연대하기 시작했다는 소식도 들었다. 이슬람 국가에서 예수를 믿는다는 것은 자신이 누릴 수 있는 모든 권리를 내려놓는 일이며 생명을 거는 일이다. 기독교인이라는 이유로 핍박을 받고 죽음의 위협 속에서 살아가야 한다. 이들은 생명을 담보로 믿음을 지킨다. 이렇게 복음에 목숨을 거는 이들이 있다면 우리도 하나님의 선교를 위해 뭔가를 해야 하지 않겠는가.

20년이 지난 2022년, 이라크 아르빌(Arbil)에 있는 CMAC (Christian & Missionary Alliance Church)교회가 이라크 정부로부터 정식 건축 허가를 받았다. 이라크에서 정부의 공식적인 허가를 받아 교회를 건축한다는 것은 매우 이례적인 일이다. 아르빌에 거주하는 쿠르드족은 모두가 무슬림이라 그들이 예수를 믿는다는 것 자체가 매우 기적 같은 일이기 때문이다.

놀랍게도 아르빌은 IS를 피해 그 지역으로 이주해 온 사람들로 오히려 교회는 부흥하기 시작했다. 요르단에서 이라크 목회자들의 세족식을 도왔던 청년 바샤르는 횃불트리니티 신학대학원의 동기 말라드(Jmalath Baythoon) 목사와 함께 CMAC교회를 섬기고 있다. 초콜릿으로 맺은 이라크와 에젤의 인연은 아르빌의 교회 건축을 기뻐하는 것으로 연결됐다. 하나님의 일하심은 정말이지 신묘막측하시다. 그것을 지켜보는 것만으로도 암석에서 값진 보석을 발견한 것처럼 흥분이 된다.

나는 중동의 수많은 종교적 분쟁 사건을 바라보며 늘 같은 마음을 품고 기도한다. 초대교회 시절 많은 핍박이 있었지만 결국 기독교가 로마의 국교가 되었던 것처럼, 중동에도 예수 그리스도의 복음이 당당히 전해지는 그 날이 오길 기도한다.

예비하신 또 다른 에젤

해외에서 세미나를 진행할 때 한국 전통 과자나 색동 주머니, 복조리 같은 기념품을 챙겨 가 호텔 직원들에게 나누어 준다. 틈틈이 간식도 챙겨 준다. 먼저는 우리 일을 잘 봐 달라는 나름의 전략이지만, 한편으로는 한국인과 그리스도인에 대한 인식 전환을 위한 작전이기도 하다.

뜻밖의 선물을 호텔 투숙객으로부터 받게 된 호텔 직원들은 우리가 누구인지, 무슨 일을 하는지 궁금해한다. 늦은 시간까지 우리를 관심 있게 지켜보다가 따로 부탁하지 않았는데도 자발적으로 남아서 도와주는 경우가 종종 있다. 신기할 정도로 어딜 가나 현지 직원들이 우리 사역을 도왔다. 우리가 무슨 일을 하는지도 모르면서 말이다.

이런 일은 1999년 첫 해외 세미나를 했던 중국에서부터 시작되었다. 세족식을 진행하려는데 영하 30도의 날씨에 받아 놓은 물이 금방 식어 버렸다. 그때 서로 말은 통하지 않았지만 호텔 직원들이 나서서 따뜻한 물을 계속해서 채워다 주었다. 손을 넣어 온도까지 체크해 주면서 말이다. 게다가 다른 손님들이 세미나를 진행하는 쪽으로 이동하지 않도록 통로 쪽에 붉은 리본으로 가림막까지 쳐 주었다. 이렇게 에젤이 가는 곳마다 세미나가 차질 없이 진행될 수 있도록 도움의 손길들이 준비되어 현장의 부족한 일손을 채워 주었다.

현장에서 현지 직원들의 도움은 천군만마를 얻은 듯 큰 힘이 될 때가 많다. 어쩌면 우리 에젤을 위한 또 다른 하나님의 '에젤'을 준비해 두셨다는 생각이 든다. 호텔 직원들의 인간적인 호의인지, 아니면 성령의 인도하심인지 잘 모르면서도 그들은 하나님의 선교를 돕고 있는 것이니 말이다.

한번은 이런 일이 있었다. 갑바도기아의 연합 중보 기도 모임에서 400여 명의 사역자에게 세족식을 섬길 때였다. 그때 우리 봉사자는 단 일곱 명에 불과했다. 400여 명을 한 번에 수용할 공간이 없어 남녀로 나누어 진행하기는 했지만, 그래도 단 일곱 명이 200여 개의 대야에 물을 떠서 운반하기에는 인력과 시간이 턱없이 부족했다. 그때 호텔의 한 직원이 우리를 도와 대야 200개를 줄줄이 늘어놓더니 호스로 한꺼번에 물을 채워 주었다. 그러고는 카트를 가져와 50개씩

층층이 쌓아서 세족식 장소까지 운반해 주었다. 고민이 한꺼번에 해결되는 순간이었다.

세족식이 다 끝나고 나는 고맙다는 인사를 전하기 위해 그 사람을 찾았다. 그런데 호텔 매니저에게 물어보니 밤 9시에는 호텔 직원들이 모두 퇴근하고 아무도 없었다고 했다. 나는 그의 인상착의를 설명했다. 분명 유니폼을 입고 있었기 때문에 착각했을 리가 없다. 그렇지만 매니저는 이 호텔에 그런 사람은 없고, 식당에는 우리가 말한 그런 도구조차 없다면서 딱 잘라 이야기했다. 아직도 나는 그날의 일이 궁금하다. 그때 우리를 도와준 사람은 과연 누구였을까?

우리를 곁에서 지켜보던 이들에게 변화가 일어나는 것도 놀랍다. 까다롭다고 알려진 인도네시아의 호텔 매니저가 감동을 받았다면서 100명이나 되는 사람들이 충분이 먹을 만큼 간식을 준비해 주었던 일도 있었다. 나는 간식으로 과일이나 빵 같은 것을 조금 내오겠지 생각했는데, 웬일인가. 음식 수가 수십 가지나 되는 풀 뷔페를 전원이 넘치게 먹을 만큼 제공해 준 것이었다. 게다가 모든 식사는 식당에서 진행되어야만 했는데 우리를 배려해 다른 일반 손님들과 따로 식사할 수 있도록 공간을 마련해 주기도 했다. 그 매니저는 처음에 우리를 보며 규정대로 지켜 달라고 쌀쌀맞게 딱 잘라 말했던 직원이었다. 그런데 그녀가 며칠간 우리를 지켜 보니 그동안 기독교의 이미지가 좋지 않았는데, 그렇지 않다는 것을 알게 되었다고 내게 귀뜸해 주었다.

중국에서는 심지어 호텔 사장이나 매니저들이 태만하던 직원들이 우리가 온 후에 달라졌다면서 호텔에 딸린 온천에 우리 모두를 무료로 쉬도록 해 주기도 했다. 무엇보다 직원들이 생기가 돌고, 감사가 늘었다면서 좋아했다.

많은 경우 호텔 직원들은 우리가 하는 일이 무엇인지 궁금해한다. 그 궁금증을 풀어 주다 보면 자연스럽게 예수님이 전해진다. 중국에서 세미나가 끝날 무렵 한 고려인 직원이 내게 와서 물었다.

"당신들은 왜 이렇게 열심히 일합니까? 무엇 때문에 밥도 먹지 않고 잠도 제대로 못 잡니까? 하루 종일 고생하는데 표정은 왜 이렇게 기쁩니까?"

나는 이 모든 것이 예수 그리스도 때문이라고 말해 주었다. 그는 어딜 가면 예수를 만날 수 있는지 물었다. 나는 그에게 복음을 전했고, 그는 강사로 오신 목사님에게 기도를 받았다.

에젤 세미나가 끝나면 봉사자들이 선교사님들의 짐을 로비로 가져다 놓고 배웅한다. 그 모습을 본 호텔 직원들은 우리가 돌아갈 때 모든 짐을 로비까지 가져다주며 우리가 했던 것처럼 똑같이 우리를 배웅해 주었다. 이들은 추운 날씨에도 밖으로 나와서 우리가 탄 차가 저만치 사라질 때까지 들어가지 않고 오래도록 손을 흔들며 배웅해 주었다. 우리의 섬김이 누군가에게 감동이 되고 도전이 되었던 것 같다. 이런 뜻밖의 섬김은 나에게 큰 감동을 준다.

아이들이 부모의 뒷모습을 보면서 자라는 것처럼 믿지 않는 사람들은 그리스도인들의 행동을 지켜본다. 그래서 우리는 언제나 그리스도의 사랑이어야 한다. 해외 사역마다 부족한 일손을 현지인 손으로 채워 주신 것에 하나님의 비밀이 있다고 생각한다. 우리는 이곳에 선교사님들을 섬기러 왔지만, 선교사님들은 결국 이 땅에서 살아가는 이들을 섬기며 복음을 전하러 온 분들이다. 결국 하나님 안에서 하나가 되어야 할 존재들이며, 함께 이루어 가야 할 하나님의 나라다.

오늘도 나는 여전히 하나님이 준비해 두신 현장에서의 또 다른 에젤들의 만남을 기대하며 설렌다.

사라진
쓰레기 매립장

필리핀 마닐라에는 미국 선교사 자녀학교인 페이스 아카데미(Faith Academy)와 한국선교사들이 운영하는 마닐라한국아카데미(MHA, Manila Hankuk Academ)가 있다. 당시 학교 이전과 관련해서 학부모와 교직원 사이에 갈등이 있었다.

1994년 열두 기관이 연합하여 시작된 이 학교는 부룩사이드(Brookside)라는 지역에서 조그만 집 몇 채를 빌려 선교사 자녀들의 수업을 이어 가고 있었다. 유치부와 초등학교와 함께 조금 떨어진 곳에 중학생들이 수업을 받는 작은 집이 있었다. 여러 선교기관과 교단이 관리하고 있었지만 새로 건축할 재정은 없었다.

그런데 쓰레기 매립장 인근에 있는 땅을 기증 받아 유치부부터 고등학교까지의 학교를 건축하기로 했던 것이다. 더군다나 그 매립장은 필리핀 정부와 50년이나 계약이 되어 있었다. 학교를 다른 곳으로 옮기지 않는 한 앞으로 50년 동안은 아이들이 쓰레기 매립장 옆에서 공부해야 하는 상황이었다. 그 일로 학부모들과 교사 선교사들, 후원 단체 사이에 첨예한 갈등이 일어나고 있었다.

현장에 가 보니 공사는 잠시 중단된 것 같았다. 학교 공사 현장 근처만 가도 매캐한 냄새가 났다. 학부모들은 이런 곳에서 아이들을 공부하게 할 수는 없다고 반대하고 나섰고, 다시 새로운 부지를 선정해야 한다고 주장했다. 하지만 애초부터 부지를 매입할 재정이 없어 이곳에 건축을 시작한 것이니 이 땅을 팔고 다른 곳으로 이전하는 것도 어려운 상황이라 그대로 건축이 진행되는 것 같았다.

이 일은 많은 선교사의 분쟁거리가 되었다. 나는 현장을 우연히 보게 되었지만 그저 그들이 직면한 상황이 안타깝고 딱할 뿐, 내가 도울 방법이 없었다. 문제를 해결할 수는 없더라도 나는 서로 갈라진 마음이 하나님 앞에서 하나로 묶이면 좋겠다는 마음이 들어 귀국 후 에젤 식구들과 함께 기도했다.

2년쯤 지나 학교는 완공되었다. 그러나 일부는 원래 공부하던 곳에서 수업을 하자 하고, 일부는 새 건물로 가자고 하면서 갈등이 지속되고 있다는 소식을 체육교사로 있던 양종

태 선교사님(현재 믿음국제선교사 자녀학교[FIA] 교사)의 기도편지에서 볼 수 있었다. 나는 이들을 어떻게 도울까 고민하다가 에젤 세미나를 결정했다.

세미나를 진행하는 동안 우리 봉사자들에게까지 영적 공격이 너무도 심했다. 그것을 모두가 느꼈다. 우리는 더욱 강력하게 기도하며 영적전쟁을 치러 냈다. 우리는 진이 다 빠질 정도로 최선을 다해 세미나를 진행했으나 아무것도 달라지지 않은 것 같았다. 선교사들이 세미나에 참석은 했지만 그들의 갈등은 무언 속에서도 보였고 그곳의 공기는 매우 무거웠다. 우리의 수고와 노력 그리고 수많은 시간의 기도에도 불구하고 이렇게 세미나가 아무 열매 없이 끝나는가 싶었다.

그런데 세미나 마지막 날, 모든 일정이 끝나고 서로의 마음을 듣는 시간에 교장 선생님이 앞으로 나와 교사들에게 먼저 무릎을 꿇었다. 자신이 교장으로서 이 문제를 잘 해결하지 못해 죄송하다면서 말이다. 그러자 한 선생님이 나와서 교장 선생님을 일으키며 아버지 같은 분에게 너무 버릇없이 굴었다며 용서를 구했다. 이것은 모두의 잘못이라며, 그동안 자신들이 기도하지 않고 서로 반목하고 싸우기만 했다며 회개했다. 그 모습을 바라보는 선교사들은 물론 에젤팀도 너나 할 것 없이 서로 숨을 죽이고 다 같이 눈물을 흘렸다.

세미나를 마친 다음날, 그곳 교사들이 우리를 새로 지은 학교로 초대했다. 학교에 도착하자마자 쓰레기를 태운 냄새가 코를 찔렀다. 쓰레기더미를 배회하는 어린 현지인 아이들도 보였다. 세미나를 통해 서로 갈등이 해소되었다고 해도 그곳 교사들에게 주어진 안타까운 현실이 하루아침에 바뀌겠는가! 우리는 오랫동안 교정에 서서 찬양과 기도를 올려드렸다. 교장 선생님은 에젤세미나 이전에는 단 한 번도 모두 같이 모여서 예배를 드린 적이 없었는데 세미나 이후 교사들이 함께 모여 그날 아침 첫 예배를 다함께 드릴 수 있었다며 감사의 인사를 하셨다. 이곳에 사랑의 예배가 다시 시작된 것이다. 그리고 그날 에젤과 선교사님들이 하나가 되어 손에 손을 잡고 모두가 어린아이처럼 원을 그리며 찬양하고 기도했다. 그렇게 우리 모두는 주님 앞에서 마음껏 뛰어놀았다.

한창 흥겨운 나눔을 하던 중 한 선교사님이 나를 조용히 불러 2층의 한 교실로 안내했다. 그러고는 교실 창문을 열었다. 그러자 학교와 붙어 있는 넓은 매립지가 한눈에 보였다. 창문 밖에는 빈민가 아이들이 쓰레기 더미를 뒤지고 있었다. 이런 환경에서 공부하고 있는 학생들과 교사들을 생각하니 마음이 아팠다. 그들을 위해 내가 할 수 있는 유일한 것은 기도뿐이었다. 나는 몸을 창밖으로 내민 채 손을 뻗어 그 땅을 향해 기도했고, 정부와 50년이나 계약되어 있는 이 매립지가 속히 옮겨지기를 간절히 기도했다.

그리고 몇 년 뒤, 양 선교사님으로부터 새로운 소식을 들었다. 무슨 이유에서인지 필리핀 정부가 그 매립장을 이전하기로 결정하고 부지를 학교에 싼 값에 넘기기로 했다는 것이다. 그곳에는 학생들을 위한 기숙사와 고등학교를 새롭게 지을 예정이라고 했다.

국가가 계약을 파기하는 일은 결코 쉬운 일이 아니다. 하지만 하나님은 한 국가의 정책까지 바꾸셔서 학교가 직면한 모든 문제를 해결해 주셨다. 하나님의 간섭하심을 모두가 보게 되었다. 사람이 사는 곳이면 문제는 어디나 존재한다. 그러나 함께 기도하면 우리가 알지 못하는 사이에도 하나님의 일하심을 볼 수 있다. 때때로 우리가 해결할 수 없는 불가능한 상황을 마주할 때면 다시 본질로 돌아가야 한다. 그 본질은 바로 기도와 예배의 회복이다.

메신저

LDI(Leadership Development Institute, 현재 LifePlus로 단체 이
름을 바꿈)의 CEO인 마틴(Martin Klopper) 선교사으로부터 자신의
팀을 방문해 주면 좋겠다는 연락을 받았다. 마틴 선교사는
남아프리카공화국 사람이고 그곳 팀원들은 유럽에서 온 선
교사들이었다. 당시 이들은 천진에서 영어로 수업하는 초·
중·고등학교를 운영하고 있었다. 현지에서 채용한 직원들
은 그리스도인이 아닌 사람들도 있었기에 보안에 매우 민감
한 상황이었다. 요청을 받고 10여 명의 에젤팀은 짐을 챙겨
천진으로 들어갔다.

그런데 당시 보안이 너무 심해서 에젤 팀원들은 준비해
간 어떤 사역도 풀어 놓을 수가 없었다. 대부분의 팀원들은

김수경 장로님(열린감리교회)의 인도하에 숙소에서 온종일 기도만 해야 했다. 이동할 때는 한 번에 최소 인원인 4-5명 정도만 움직였다. 우리는 발각되지 않도록 매일 장소를 옮겼다. 대부분 선교사님의 집이었다. 그렇게 돌아가면서 저녁 때만 조용한 집회를 할 수 있었다.

둘째 날 학교 교사 사무실을 방문했다. 우리는 잠시 학교를 돌아보고 선교사님 세 명이 기도하고 있다는 방으로 안내를 받았다. 방에 들어가자마자 내 눈에 환상이 보였다. 밧줄로 꽁꽁 묶인 게르(천으로 덮은 몽골의 전통가옥)가 보였는데, 게르 위로 둥근 구멍이 뚫려 있었고 아무리 돌아봐도 안으로 들어가는 문은 찾을 수 없었다. 한참을 서성이다가 가만히 다가가 밧줄에 손을 대니 줄이 스르르 풀리고 안으로 들어갈 수 있는 틈이 보였다. 들어가 보니 그 안에는 수백 명의 사람이 모여 찬양을 하고 있었다.

기도가 끝난 후 내가 본 것을 그분들에게 나누었다. 한 영국인 선교사가 지금 자신들은 내몽골에 있는 한 지역을 놓고 3년 반 동안 정탐했으나 믿는 자를 만날 수가 없었고, 바로 오늘이 내몽골 사역을 접기 위한 마지막 기도 시간이라고 했다. 천진에서 학생들을 가르치는 선교사들이 다른 지역으로 선교를 하기 위한 베이스로 이 학교가 사용되고 있다는 것을 그때서야 알았다. 그 영국인 선교사님은 내 이야기를 듣고 나니 하나님이 숨겨 놓으신 사람이 있을지 모른다는 생각이

들었다면서, 다시 한번 내몽골에 들어가 봐야겠다고 했다.

그들과 헤어진 뒤 몇 주 후 마틴 선교사로부터 한 통의 메일이 왔다. 그날 이야기한 지역에 다시 들어가 한 사람을 만났는데, 그를 따라가 보니 320명이나 되는 성도가 모여 예배를 드리고 있었다고 했다. 그러면서 자신들이 사역을 포기하지 않도록 하나님이 정확한 때에 에젤을 보내셨다면서, 자신들을 위해 기도해 주어서 고맙다고 했다.

하나님은 당신만의 비밀스러운 일에 에젤을 메신저로 보내셨다. 하나님은 그들의 수고를 아셨으며 우리의 기도를 들으셨다. 우리가 준비해 간 것은 아무것도 풀어 놓을 수 없었지만 이것만큼 놀랍고 감사한 일이 어디 있겠는가. 그릇의 모양이 각기 다른 것처럼, 우리는 각자 쓸모와 역할이 다르다. 부르심에는 높고 낮음이 없으며, 좋고 나쁨도 없다. 그날 에젤에게 맡겨진 일은 메신저의 일이었다.

어떤 일이든 하나님이 함께하시면 선교다. 박종길 목사님(온누리교회 서빙고 담당목사)이 이렇게 가르쳐 주셨다.

"선교는 사람이 하는 것 같지만 하나님이 하시는 것이고, 사람이 계획하는 것 같지만 하나님이 진행하십니다."

나는 에젤 사역을 진행하면서 이 말씀에 공감한다. 하나님의 마음은 선교와 잃어버린 영혼에 있기 때문에 우리는 그곳이 어디든 부르시는 곳으로 아주 특별한 하나님을 만나러 달려갈 준비가 되어 있다.

"당신의 친구가
되겠습니다"

"나의 친구라"
(요 15:14)

사랑방 이야기

"겨울옷이 하나도 없네요."

2021년 여름, 코로나로 급하게 귀국한 선교사들의 체류 기간이 예정에 없이 장기화되었고, 겨울옷을 챙겨 오지 못한 분들이 많았다. 특히 더운 나라에서 오신 분들은 선선한 가을 날씨에도 금방 추위를 느낀다. 에젤은 급한 대로 겨울 옷을 모아 보기로 했다. 아껴 뒀다가 못 입는 옷, 살 빠지면 입겠다고 고이 모셔 뒀던 옷, 그밖에 스카프나 장갑, 모자와 같은 겨울 용품들까지 깨끗한 것들로 잘 확인해서 보내 달라고 공지를 올렸다.

생각보다 옷을 내놓겠다는 사람이 많았다. 옷장을 뒤져 보내 주기도 하고 지인들을 통해 옷을 모아 오기도 했다. 어떤 분은 홈쇼핑에서 팔고 있는 물건을 기증해 주셨는데, 상표도 떼지 않은 20-30만 원 대 가방이 열 개나 담겨 있었다. 그밖에 이랜드에서 롱패딩 100벌을 기증받았고, 방한 조끼 100벌을 추가로 구입하기도 했다. 이렇게 해서 들어온 옷이 만 벌 정도나 되었다.

이왕이면 선교사님들이 쇼핑하는 기분이 들도록 모은 물품을 네이버 밴드에 올리고 직접 고를 수 있도록 하자는 아이디어도 나왔다. 중고이긴 하지만 선교사로 살면서 포기했던 옷 쇼핑을 이렇게나마 제공하면 좋을 것 같았다. 노엘기도방 김진숙 집사님이 학부모 밴드를 운영해 봤다며 에젤 옷 밴드를 맡아 보겠다고 했다.

우리는 받은 옷을 꼼꼼히 확인해서, 필요하다면 세탁도 하고 다림질한 뒤 포장했다. 사진도 찍고, 사이즈도 넣고, 넘버링도 했다. 이렇게 사진을 밴드에 올리고 주문을 받아 우편으로 보내 드렸더니 선교사님들이 너무나 좋아하셨다.

갑작스럽게 시작된 옷 나눔은 더 많은 선교사님에게 확장되었다. 온라인뿐 아니라 에젤 사무실로 직접 오셔서 입어 보고 옷을 선택하실 수 있도록 안내했다. 대부분의 선교사님의 반응은 "정말 가져가도 되나요?"였다. 본인은 에젤 선교사가 아니지만 친구 선교사님과 같이 와도 되는지 문의 전화가 오기도 했다. 우리는 모두에게 문을 활짝 열었다. 에젤에 오시는 분이면 누구나 커피도 타 드리고 식사 대접도 하면서 잠시 쉬었다 가시도록 했다.

코로나 기간이었지만 옷 밴드로 에젤 사무실은 그 어느 때보다 북적거렸다. 사무실에 옷을 가지러 오신 선교사님들은 처음 만났어도 서로 옷을 골라주기도 하고 사역 이야기도 나누었다. 선교지 사정을 너무도 잘 아니 서로의 속마음도 털어놓았다. 깔깔대고 웃다가도 눈물을 흘리고, 그렇게 이 작은 사무실이 어느새 선교사님들의 사랑방이 되었다.

나는 에젤 사무실이 위로와 치유의 장소가 되는 걸 보면서 상담 사역을 시작하기로 결정하고 아예 사무실 한편을 공사해 상담실을 만들었다. 사실 선교사님들이 상담을 받는다는 것은 쉽지 않은 일이다. 상담료에 대한 부담도 있고, 무엇보다 선교사가 상담을 받는다는 것에 대해 아직도 선입견이 있어 조심스러운 것이다. 전문 상담사(황주현 목사님)를 모시고 10회 무료 상담을 진행했다. 선교사님들은 어려운 마음들, 그동안 아무에게도 말할 수 없었던 상처받은 속마음을 조금씩 털어놓기 시작했다.

코로나로 인한 강제 귀국일망정 선교사님들이 귀국한 기간 동안 쉼의 시간을 가질 수 있도록 돕고 싶었다. 그동안 쌓인 상한 감정과 상처들이 에젤에서 조금이라도 치유가 되면 좋을 것 같았다. 사람들은 누구나 어떤 방식이든 고민을 털어놓기도 하고 풀어야 하는데, 그러지 못했을 때 오는 답답함과 막막함이 있다. 요즘은 모두가 마음의 여유가 없고 바쁘다 보니 다른 사람들의 이야기를 들어줄 여력도 시간도 없다. 공통적으로 여성 선교사들은 자녀에 대한 미안함과 죄책감 그리고 선교지의 외로움으로 아파했다. 여성으로서 꾸미고 싶은 기본적인 본성조차 선교사들은 미안해하고 포기를 한다.

한 분의 선교사님이 춥다고 하셔서 시작한 옷 밴드 사역은 꼬리를 물고 새로운 사역의 도화선이 되었다. 이것이 바로 하나님이 하시는 일이다. 우리가 시작하면 하나님이 이끌어 가신다.

에젤의 사역은 언제나 이렇게 나도 모르는 사이 불꽃처럼 번져 간다. 사랑은 또 다른 사랑을 낳는다.

"내가 주릴 때에 너희가 먹을 것을 주었고 목마를 때에 마시게 하였고 나그네 되었을 때에 영접하였고 헐벗었을 때에 옷을 입혔고 병들었을 때에 돌보았고 옥에 갇혔을 때에 와서 보았느니라… 임금이 대답하여 이르시되 내가 진실로 너희에게 이르노니 너희가 여기 내 형제 중에 지극히 작은 자 하나에게 한 것이 곧 내게 한 것이니라 하시고"(마 25:35-36, 40).

"엄마, 하나님 진짜 있어!"

큰딸이 열 살 때였다. 어느 날 미국 유치원에서 가지고 놀던 스탬프를 사 달라고 했다. 일반 문구점에서는 딸이 원하는 스탬프를 찾을 수 없었다. 남대문 시장 외국 물건 파는 곳에서 결국 딸이 원하던 것을 손에 넣었다. 딸은 행복해하며 "엄마, 이거 선교사님 아이들에게도 주면 좋을 것 같아"라고 말했다. 어린 딸의 생각이 기특했다. 아마도 언젠가 함께 선교사님에게 보낼 낙엽을 주웠던 일을 기억한 모양이다.

에젤은 어린이날이면 선교사님 자녀들의 나이와 성별을 일일이 조사해 거기에 맞는 물품들을 선별해서 선물을 보낸다. 아이들은 이것을 에젤박스라고 부른다. 현재는 250-300여 명의 아이들에게 선물을 보내고 있다. 여자아이들에게는 머리핀과 헤어밴드, 화장품도 넣어 주고, 남자아이들은 장난감이나 학용품 등을 다양하게 넣는다. 특히 한국의 색연필과 크레파스는 컬러 종류가 많고 질이 좋다고 한다. 어떤 선교사님은 현지에서 어린이용 가위를 구하기 어렵다면서 안전 가위를 부탁하기도 하셨다. 이를 통해서도 우리는 선교지의 상황을 배운다.

그 해 나는 딸을 통해 우연히 새로운 사역의 아이템을 얻게 되었다. 우리는 다양한 모양의 스탬프와 알록달록한 잉크를 사서 예쁘게 포장해 어린이날 선물로 보냈다. 얼마 후 동남아 지역 선교사님으로부터 놀라운 편지 한 통을 받았다. 선교사님은 선교지에 간 지 얼마 안 된 분이었다. 얼마 전 딸아이가 옆집 아이가 갖고 노는 스탬프를 보고는 자기도 갖고 싶다면서 며칠 동안 사 달라고 졸랐단다. 그런데 그런 스탬프를 살만한 곳이 없었다. 선교사님은 아이에게 단호하게 이야기했다.

"우리는 선교사야. 네가 갖고 싶다고 원하는 대로 다 가질 수는 없어. 만약 그것이 너에게 꼭 필요한 거라면 기도해 봐. 하나님이 주실 거야."

그런데 얼마 후 한국에서 어린이날 선물이 도착했고, 상자를 열어 보니 예쁜 무지개색 잉크와 'Thank You'라고 새겨진 스탬프가 들어 있었다. 그걸 받아 든 딸은 뛸 듯이 기뻐했다.

"엄마, 하나님 진짜 있어!"

사실 선교사님은 딸에게 하나님이 주실 거라고 말은 했지만, 정작 본인은 그런 믿음은 없었다고 고백했다. 매일 밤 잠자리에 들 때마다 스탬프를 달라고 기도하는 딸을 보면서, 그리고 스탬프를 받아 들고 하나님이 진짜 계시다 외치는 딸을 보면서, 자신이 얼마나 믿음 없는 사람인지 알게 되었다고 했다. 선교사님은 회개의 편지를 보내 주셨다. 살아 계신 하나님을 알게 해 줘서 고맙다며 스탬프로 장식한 딸의 예쁜 엽서를 함께 보내왔다. 나는 이 편지를 받고 마음이 따뜻해졌다.

MK들에게 에젤의 어린이날 선물은 부모를 따라간 낯선 선교지에서 경험하는 설렘의 순간이자 소중한 추억이 되기도 한다. 라오스의 MK 선주언·선하민 자매는 대학생이 되었는데도 에젤에서 보내 준 소소한 물품과 이미 작아져 버린 잠옷까지 보관하고 있다고 한다.

C국 MK 송시은 어린이로부터 온 편지도 있다. 자기가 살고 있는 건물에는 집마다 우편함이 있지만 소포를 받는 일이 거의 없었기 때문에 우편함의 존재는 그다지 중요하지 않았다. 그런데 열한 번째 생일이 다가오던 어느 날, 학교에서 돌아오니 책상 위에 자기 이름 앞으로 온 예쁜 핑크색 편지와 선물이 있었다. 세상에! 한국에서 누군가 자신에게 보낸 편지라니! 그것만으로도 너무 행복했다. 그렇게 1년에 몇 번

씩 에젤로부터 오는 우편물을 받으면서 언제부터인가 동생과 자신은 선물이 올 때쯤이면 매일 우편함을 살펴보는 것이 습관이 되었다고 적혀 있었다. 드디어 자신의 은색 우편함도 할 일이 생겼다고 기뻐했다. 자매는 우편함 앞에 하얀 분필로 '에젤'(EZER)이라고 써 놓은 사진을 같이 보내 주었다.

비록 작은 선물이지만 잠시라도 자신들이 얼마나 소중한 존재인지 알 수 있기를 바라며, 오늘도 기도하며 선물을 포장한다.

꿈땅 놀이공원

에젤이 MK 사역을 적극적으로 시작하게 된 계기는 온누리교회 이재훈 담임목사님 때문이기도 하다. 1998년 무렵 이 목사님은 당시 '꿈이 자라는 땅'(꿈땅, 온누리교회 유년부 주일학교) 담당전도사였다. 꿈땅에서 어린이 날 행사를 준비하는데 선교사 자녀(MK)들을 초대해서 어린이날 선물을 주고 싶은데 좋은 아이디어가 없느냐고 내게 물으셨다. 나는 반대로 이 전도사님에게 선교사 자녀들은 어떤 선물을 받고 싶어하는지 부모님께 알아봐 달라고 부탁드렸다. 그때는 나도 MK들에 대해 잘 몰랐기 때문이다.

며칠 후 이 전도사님으로부터 연락이 왔다.

"선교사 자녀들이 제일 원하는 것은 놀이공원에 가는 거라네요. 그것도 사람이 많은 날에요."

놀이공원? 내가 예상했던 답이 아니었다. 나는 당연히 선물일 거라 여겼다. 아이들이 갖고 싶은 것이 있다면 가방에 몇 가지 선물을 넣어 주면 된다고 생각하고 있었다.

이 전도사님과 나는 둘 다 난감했다. 주일에는 선교사가 아이들과 함께 놀이공원에 가기가 현실적으로 어렵다. MK들을 놀이공원에 보내려면 성인 인솔자가 필요하다. 그런데 봉사할 수 있는 성도들은 주말에 더 바쁘다. 주일을 빠지고 놀이공원에 가라고 할 수도 없는 노릇이었다.

우리는 고민 끝에 놀이공원을 직접 만들어 주기로 했다! 당시 서빙고 온누리교회 건너편은 공터였다. 그곳에 아이들의 놀이공원을 꾸며 주면 좋겠다고 생각했고 청년들과 어떻게 꾸밀지 상의했다. 청년들 중에는 어린이 관련 일을 하거나 필요한 장비들을 어디에서 어떻게 구해야 하는지 알고 있는 친구들이 있었다.

그밖에도 페이스 페인팅, 풍선아트, 장난감 뽑기 등 여러 가지 놀 거리를 하나씩 채웠다. 놀이공원에 빠질 수 없는 먹거리도 준비했다. 떡볶이, 튀김, 순대 등은 물론이고 캔음료, 커피와 도넛 등 열일곱 가지 다양한 먹거리를 판매하는 매대를 만들었다.

먹고 노는 것이 준비되었지만 아직 부족한 것이 있었다. MK가 원한 것은 사람들이 많은 놀이공원이지 않은가. 어쩌다 보니 하루아침에 MK 어린이날 행사가 전교인 행사로 바뀌었다. 그에 맞춰 놀 거리, 먹거리들의 품목과 수량을 늘렸다.

나는 선교사 자녀들을 팔찌로 구별해 모든 것을 무료로 먹고 놀 수 있게 해 주면 좋겠다고 생각했다. 일종의 자유이용권이다. 그런데 선교사 자녀들이 원하는 것은 자신들이 구별되는 것이 아니라 평범해지는 거라고 이 전도사님이 알려주었다. 이렇게 평범하고 단순한 일상조차 MK들에게는 쉽지 않았던 것이다. 나는 그때 이 전도사님을 통해 내가 미처 생각지 못했던 세심한 배려를 배울 수 있었다.

우리는 놀이공원을 이용할 수 있는 티켓을 제작해 판매했다. MK들은 선물 가방 안에 온 가족이 사용할 수 있도록 티켓도 넉넉히 넣어 주었다. 그래서 MK들도 교회 아이들과 동일하게 그 티켓을 내고, 놀이기구를 타고, 음식을 사 먹을 수 있도록 했다.

행사 당일, 우리가 준비한 공간은 멋진 놀이공원으로 탄생했다. MK들은 누구보다 신났고 덕분에 교인들도 잠시나마 어린 시절로 돌아간 듯 행복해 보였다.

내가 섬기고 있던 서빙고 공동체의 청년들은 새벽 7시부터 커피와 도넛을 판매하는 것으로 시작해 밤까지 일을 도왔다. 나 역시 하루 종일 엉덩이 붙일 시간도 없이 다니느라 다리가 후들거릴 지경이었다. 행사를 마치고 이 전도사님은 병원에서 수액을 맞아야 할 만큼 온 힘을 다해 섬겨 주셨다.

지금 와서 생각해 봐도 이동식 전기차까지 동원된 놀이공원을 직접 만들 생각을 했다니, 정말 대단한 일이었다. 단지 MK들의 소원 하나를 이루어 주기 위해 온 교회가 모두 한마음이 되어 힘을 모은 것이다.

나 혼자 하려면 엄두도 나지 않았을 텐데, 사랑과 관심으로 꿈땅, 에젤, 청년부가 연합함으로, 그리고 온누리교회가 문을 활짝 열어 주었기에 '어린이날 미션'을 성공적으로 완성할 수 있었다. 그 일을 통해 에젤은 점차 협력과 섬김의 경험치를 쌓아 갔다. 이것이 MK를 위한 에젤의 멋진 출발이었다.

MK 쉼터

2018년 11월 불가리아 사역 이후 나는 한 달간 100명이 넘는 선교사님들의 자녀 상담 전화를 받았다. 이후 나는 대학생 MK에 대한 남다른 마음이 생겼다. 특히 코로나 때 기숙사 문이 닫히고 우왕좌왕하는 학생들의 모습이 안타까웠다. 그래서 대학을 다니기 위해 한국으로 들어온 MK들이 부모와 떨어져 있는 동안 필요한 것은 없는지 눈여겨보게 되었다. 나 역시 세 아이를 미국에 두고 한국에서 사역하고 있으니 부모 같은 마음이 있었던 것도 같다.

대학생 MK 중에는 학교에서 자신이 선교사 자녀라는 사실을 밝히는 것을 꺼려하는 아이들이 많다는 이야기를 들었다. 한국에 왔으니 이곳에서만이라도 MK의 부담을 벗어나고 싶었던 것은 아닐까? 혹은 자신의 작은 실수로 선교지에 계신 부모님이 불이익을 당하게 될 것을 염려한 것일 터다. 선교사 자녀라면 누구나 선교지의 부모님에게 누가 되지 않기 위해 늘 긴장한다. 또한 파송 교회의 기대가 MK들에게는 부담이다.

어린 MK들은 늘 낯선 환경에 적응해야 하고, 잦은 이동으로 친구도 별로 없는데다가, 선교지에 따라서는 정규 교육을 받을 수 있는 학교가 없는 지역도 많아 홈스쿨링을 하며 청소년기를 외롭고 힘들게 보내기도 한다.

공부를 잘해도 등록금이 비싼 선교사 자녀 학교에는 보낼수가 없고, 이슬람 지역은 종교적인 문제로 보낼 학교가 없는 경우도 있다. 부모가 외지에서 사역하는 자녀들은 어려서부터 부모와 떨어져 혼자 도시로 보내지기도 한다. 부모의 돌봄이 필요한 어린 나이에 기숙사 생활을 하다 보면 아이들의 성장기가 불안할 수밖에 없다. 그런 상황에서 MK들은 여러 문제를 안고 살아가게 되고, 정체성에 대한 혼란도 어느날 갑자기 들이닥친다.

MK들은 어른보다 언어 습득 능력이 뛰어나다. 그래서 선교지 형편상 동역자가 없는 경우 초등학생 때부터 부모님의 사역을 도와 찬양이나 어린이 사역 또는 현지어 통역 등을 돕는다. 기특하고 고맙지만, 친구들과 신나게 뛰어놀거나 부모의 도움을 받을 나이에 부모를 돕는 구조가 되다 보니 역기능 현상이 일어난다.

MK들은 대부분 어려서 부모를 따라 선교지에 가거나 그곳에서 나고 자랐기 때문에 한국도 선교지도 모든 것이 낯설다. 선교사님들은 이 길을 스스로 선택했지만 자녀들은 아니지 않은가.

대학생이 되면 대부분의 MK들은 자립을 하는데 재정적인 문제로 생활고를 겪는 아이들이 많다. 간혹 장학금을 받고 미국 대학에 입학을 해도 부모가 생활비를 주기 힘들어 아이들이 스스로 생활비를 벌어야 한다. 그런데 학생 비자로는 취업할 수 없다 보니 불법으로 싼 임금을 받고 일을 해야하고, 1달러짜리 피자로 하루 한 끼를 때우기도 한다. 이런 상황을 모르면서 선교사가 자녀를 해외 유학까지 보내느냐며 후원을 끊겠다는 사람들도 있다. 선교사 가정이라면 이래야 한다는 고정관념이 후원자들에게 있는 것이다.

선교사는 부모로서 제대로 자녀를 돌보지 못하는 미안함과 죄책감에 가슴앓이를 한다. 복음의 열정으로 선교사가 되었지만, 그 이면에 감내해야 하는 사역자 가정의 안쓰러움이 있다. 선교라는 부르심 하나 때문에 선교사들은 참으로 많은 것을 견디고 참아 내야 한다.

멕시코에서 사역하는 안요섭, 정아매 선교사님에게 아들 요한이가 있다. 부모는 사역지로 떠나고 요한이는 혼자 한국에 남아 학비와 생활비를 벌기 위해 야간에 아르바이트를 했다. 그런데 비 오는 날 늦은 시각까지 일을 하다 집에 오던 중에 넘어져 2만 5천 볼트가 넘는 고압 변압기에 머리를 부딪치는 사고를 당했다. 당시 요한이는 온몸에 마치 폭탄을 맞은 듯했다. 사고 소식에 급히 한국에 들어온 안 선교사님은 자식이 중환자실에서 제대로 숨도 못 쉬고 누워 있는 모습을 보고 기가 막혀 아무 말도 못 하셨다. 그저 눈물로 미안하다는 말만 되뇌셨다. 의사는 살 가망이 없으니 마음을 준비하라고까지 했다. 안 선교사님 부부가 멕시코로 선교를 떠난 지 겨우 1년쯤 지났을 때의 일이었다. 늦은 나이에 목회를 접고 복음을 전하기 위해 선교지로 떠났는데 이런 모습으로 아들을 다시 만나게 되었을 때 부모로서 어떤 심정이었을까.

우리는 순서를 정해 매일 병원에 찾아가 요한이를 위해 또 안 선교사님 부부를 위해 기도했다. 의사의 말과 달리 요한이의 상태는 점차 좋아졌다. 살아남은 것도 기적이지만 온 피부가 화상을 입었는데도 흉터가 거의 남지 않을 만큼 치료가 되었다. 요한이가 퇴원했을 때 에젤 사람들이 얼마나 기뻐했는지 모른다. 한동안 요한이 이야기가 나올 때마다 우리는 매번 눈시울을 적셨다.

남자 MK들은 누구나 군입대를 한다. 부모님은 선교지에 있어 입대 날에도 아들을 보기 위해 귀국하는 것은 쉽지 않다. 에젤이 이모처럼 챙겨 줘야겠다는 마음이 들었다.

튀르키예 MK 하예준이 논산 훈련소로 입대하는데 배웅

해 줄 가족이 없어 혼자 간다는 소식을 듣고 에젤에서 이모를 자청하는 몇 명의 회원들이 함께 가 주었다. 눈이 펄펄 내리는 날 예준이는 찬 바닥에 무릎을 꿇고 에젤의 이모들에게 큰 절을 했다. 에젤 회원들은 그 모습이 너무 고맙고 안쓰러워 또 한바탕 눈물을 흘렸다.

금쪽 같은 휴가를 나와도 만날 친구도 없고 부모도 없어 갈 데가 없는 MK들은 가끔 에젤 사무실로 찾아온다. 그러면 밥이라도 먹여 보내고, 용돈을 주머니에 찔러주면서 남은 군 생활 잘하라고 격려해 주기도 한다.

겨울이 없는 나라에서 태어나 눈을 한 번도 본 적이 없는 MK들을 스키장에 데려간 적도 있다. 더운 나라에서 온 아이들에게 한국의 겨울이 너무도 춥고 외롭다. 이런 아이들을 사무실에 불러 성탄 선물 포장을 같이하기도 한다. 어느 해 잘 아는 MK에게 너무나 가난한 MK 친구가 있다는 연락을 받고 사무실에 초대했다. 대학교 3학년 남자 아이였다. 우리가 포장하는 성탄 선물을 보면서 누가 이런 선물을 받는지 너무 부럽다고 했다. 준비한 겨울 털목도리를 목에 감아 주었더니 그 아이가 눈물을 흘렸다. 태어나 처음 받은 선물이라고 했다. 목도리 하나로도 지금 자신이 사랑받고 있다는 걸 느낀 것이다.

이런 작은 관심과 사랑이 쌓이면 언젠가는 MK들 마음에 쌓여 있던 아픔과 분노와 상처도 녹여 낼 수 있지 않을까 생각한다. 겉으로는 붓는 족족 물이 다 빠져나가는 듯 보여도 어느새 쑥 자라 있는 콩나물시루처럼, 하나님이 이 아이들을 키워 가실 것을 믿는다.

MK들은 무한한 가능성이 잠재되어 있다. 이들은 언어와 문화의 유연성 그리고 헌신과 섬김의 DNA가 장착된 엄청난 선교의 자원이기도 하다. 요즘은 자녀들을 많이 낳지 않기도 하고, 또 성장한 자녀들을 모두 떠나보내고 빈 둥지에서 노년의 삶을 외롭게 지내는 분들도 많은데, 이렇게 외로운 MK들을 한 명씩 품어 주는 것은 어떨까.

나는 조속히 한국교회가 제도적으로 MK들을 위한 구체적인 지원과 돌봄을 마련할 수 있기를 기도한다. 선교사들이 사역에 더욱 집중할 수 있도록, 자녀로 인한 그들의 걱정과 눈물이 절반이라도 줄어들 수 있도록 우리 모두 노력해야 한다.

거룩한 소통

　　에젤은 오랜 기간 선교사님들에게 치유 회복
세미나를 해 왔다. 10년쯤 지나 사역을 점검해 보았을 때 하
나님이 보여 주신 크신 기적과 열매가 있었던 것은 분명했
다. 하지만 실제적 삶의 변화까지 이어지지는 않은 것 같았
다. 세미나 때 성령의 임재가 있고 그 현장에서 받는 은혜가
크지만 그때뿐이라는 아쉬움도 컸다. 에젤세미나에 참석하
시는 선교사들의 삶과 사역의 변화를 유심히 관찰해 보았
다. 장기적으로 선교사 스스로 회복탄력성을 키우는 방법
이 무엇일지 고민하게 되었고, 그 해답은 말씀이었다. 하지
만 에젤에서 말씀 사역을 시도한다는 것 자체가 꿈도 꿀 수
없는 일이었다.

그런데 하나님은 가장 어려운 시기에 가장 하나님다운 일을 하시나 보다. 아무것도 할 수 없다고 여기는 그 내려놓음의 시간을 하나님은 새로운 꿈을 꿀 적기라고 생각하시는 것 같다. 경험, 아집, 교만을 버리고, 내 지혜가 아닌 오직 하나님이 하셨음을 증명할 수 있는 순간 말이다. 내가 《레위기: 거룩》교재를 쓰게 된 것도 바로 이런 시간이었다.

우리 가정은 2008년 이후 여러모로 힘든 시간을 겪고 있었다. 남편이 대주주로 있던 회사에 부도가 났다. 게다가 2010년 말 나는 변호사에게 미국 영주권 사기를 당했다. 사기를 당한 내가 피해자임에도 불구하고 미국 영사로부터 입국 정지를 당했다. 막내가 겨우 9학년인데, 앞으로 8년 동안 미국에 있는 세 아이들을 보기 위해 단기 방문조차 할 수 없다는 판정을 받았다. 엎친 데 덮친 격으로 에젤선교회 앞으로 엄청난 세금폭탄 고지서가 날아왔던 시기가 이때다.

거기다 나는 미국 서부에서 동부로 이사하자마자 라임병(Lyme, 미국 동북부 지역의 풍토병으로 사슴에 기생하는 진드기로 인한 감염성질환)에 걸려 면역이 바닥나고 근육통이 심했다. 귀국 후 어깨 수술과 간 수술까지 하면서 육체적으로도 정신적으로도 탈진 상태에 이르렀다. 사면초가였다. 아무것도 하고 싶지 않았다. 나 혼자서 어떻게 해야 하나 하는 깊은 실망과 회의감마저 들었다.

내가 영주권 사기를 당한 것은 결론적으로 나쁜 변호사만의 문제가 아니라 하나님의 법을 아는 지혜가 없는 나의 영적 무지함에 있다는 깨달음을 김영경 권사님과 나누었다. 내 이야기를 듣던 김 권사님은 "그러면 하나님의 법을 제대로 배워 봐요" 하셨다. 그러면서 내게 레위기를 공부해 보면 어떻겠느냐고 했다.

'레위기라고? 이 와중에 무슨 레위기인가?'

그 후 2년간 나는 영주권 반환 문제와 에젤의 세금 문제 그리고 미국에 있는 세 아이들을 챙기느라 여력이 없었다. 그러던 어느 날 무심코 레위기를 펼쳐 보았다. 그런데 갑자기 성경 말씀이 살아 있는 이야기로 다가왔다. 레위기는 나에게 하나님은 살아 계시다는 것을, 그분이 나를 사랑하고 계시다는 것을 끊임없이 보여 주었다. 마치 새로운 하나님을 다시 만나는 것만 같았다. 레위기는 내가 알고 있던 제사 이야기가 아닌 바로 예수님의 십자가 사랑 이야기였다. 3500년 전 출애굽한 이스라엘 백성의 이야기가 아니라 바로 지금 이 순간 나를 향하신 하나님의 넘치는 사랑 이야기였다.

레위기 말씀으로 내 마음이 치유되어 갔다. 내가 어떠한 상태일지라도 하나님은 여전히 살아 계시다고 다독여 주었다. 힘들어도 하나님에게만 매달려 있으면 된다는 다독거림이었다.

내가 바닥을 쳐 보고 나니 '하나님과 나'라는 일대일의 관계가 그제야 제대로 보이기 시작했다. 레위기는 나의 무력

감, 인간에 대한 실망, 삶에 대한 회의에서 벗어나 오직 하나님을 바라보게 하는 회복의 통로가 되어 주었다.

레위기를 공부하는 동안 "내가 거룩하니 너희도 거룩하라"는 말씀을 받고 나는 '거룩'이 무엇인지를 연구했다. 거룩은 세상과 구별되는 것만이 아니라 하나님의 형상을 내 안에 회복하는 것이었다. 우리를 창조하셨을 때의 모습으로, 죄로 인해 깨어진 관계를 다시 회복하는 것이었다. 하나님이 우리의 모습을 볼 때 심히 기뻐하며 보기 좋았다고 하신 그 모습, 나는 그것이 거룩의 상태라고 생각한다. 레위기 안에서 하나님은 '나는 너희의 하나님 여호와'라고 끊임없이 말씀하신다. 과거에도, 지금도, 그리고 미래에도 영원히 존재하실 그 하나님이 나의 하나님이라고 말씀하신다. 말씀을 조금 더 깊이 알고 싶어 신학대학원에 입학했다.

그렇게 나는 '성경 가르치는 전도사'가 되었다. '거룩회복운동'이라는 슬로건을 내걸고 지금도 말씀을 가르친다. 예수님이 말씀을 전하시며 오천 명을 먹이셨던 것처럼, 말씀과 섬김의 사역이 함께 이루어질 때 치유와 회복의 시너지가 훨씬 크게 일어나는 것을 보게 된다. 말씀과 섬김, 바로 이것은 김사무엘 목사님이 내게 요청하셨던 일이기도 했다.

레위기 공부는 오직 나를 위해 시작한 일이었다. 아무런 소망이 없던 절망의 순간에 하나님은 레위기 말씀으로 나를 회복시키셨다. 그런데 내 아픔을 치유하셨던 바로 그 말씀으로 지금은 선교사님들을 위로하고 치유하신다. 하나님의 말씀은 하나님 사랑과 이웃 사랑의 실천이다. 말씀이 나를 다시 살린 것처럼, 사역에 지치고, 환경에 치이며, 삶의 문제에 좌절해 있는 많은 성도와 사역자들에게도 말씀이 생명이 되길 기도한다.

거룩을 향한 왕의 초대

2019년 코로나가 시작되기 바로 직전 인도에 불어닥친 화폐개혁과 비자 문제로 선교사님들은 여러 가지 어려움을 겪고 있었다. 비자가 안정적이지 못한 선교사들은 체류를 위해 3개월짜리 관광 비자를 받아야 하니 재정도 많이 들고 장기적 선교 계획을 세우기 어려웠다. 그즈음 시니어 선교사 중 한 분이 투옥되었다가 사망하면서 콜카타는 한층 더 무거운 긴장감이 감돌았다.

인도의 정치와 경제적 상황이 점점 더 어려워지면서 선교사님들도 영적으로 많이 눌려 있었다. 곽*준 선교사님은 어떻게 해야 인도 선교사들에게 조금이나마 위로가 될 수 있을까 고민하셨다. 나는 그분의 편지를 읽으며 인도로 가야

겠다는 마음이 들었다. 곽 선교사님에게 연락해 레위기 강의를 제안했다. 곽 선교사님은 그 땅이 힌두교 여신 깔리에게 바쳐진 곳이고, 매일 흑염소의 목을 잘라서 피를 뿌리는 곳이라면서, 하나님께 드리는 온전한 제사가 무엇인지 성경을 통해 인도 목회자들에게 가르쳐 주면 좋겠다고 하셨다.

우리 모두 거룩에 대한 좋은 묵상이 될 것이라는 기대를 가지고 세미나를 준비했고 곽 선교사님과 세미나 장소를 콜카타로 결정한 뒤 6개월간 기도로 준비하며 인도로 들어갔다.

당일 참석자 중 여자 선교사님 한 분은 누가 봐도 중병을 앓고 있는 환자 같았다. 에젤팀은 강의를 듣지 못하고 방에 누워 있는 그분이 안쓰러웠다. 뭘 해 드리면 좋을까 고민하던 중 마침 그 달에 생일이라는 것을 알게 되어 깜짝 축하 파티를 해 주기로 했다. 남편 선교사님에게 아내를 위한 영상 메시지를 짧게 찍어 달라고 부탁드렸다. 그런데 남편 선교사님은 잠시 고개를 숙이더니 이내 울먹거렸다. 그간 꾹꾹 눌러놓은 감정이 복받치는지 말씀을 제대로 잇지 못하셨다. 그리고는 잠시 후 떨리는 목소리로 겨우 한마디를 내뱉었다. 전혀 예상치 못한 인터뷰였다.

"당신, 살아만 있어 준다면 나는 그것만으로도 감사해."

사실 아내 선교사님은 몸이 아니라 마음이 더 많이 아팠다. 지금은 따로 사역하지만 선임 선교사와 관계적 어려움을 겪으면서 마음의 상처가 깊어졌고, 우울증으로 삶을 포기하려고까지 했다는 것이다. 한국에 나가 상담이라도 받으면 좋으련만 얼마나 참고 참았으면 그처럼 병이 난 걸까.

마음의 감기라고 하는 우울증은 어느 날 누구에게라도 찾아올 수 있다. 쉬지 못하고 풀지 못하면 선교사도 피할 수 없는 병이다. 이건 영성과는 상관없는 문제다.

갑자기 준비한 생일 파티라 겨우 케이크 하나뿐이긴 했지만, 우리는 아내 선교사님을 강의실로 모시고 녹화한 남편 선교사님의 영상 편지를 다함께 보았다. 아무 말도 못 하고 가슴팍을 탁탁 치기만 하는 아내 선교사님의 모습에 목이 메이도록 아픈 그간의 삶이 고스란히 전달되었다. 말하지 못한, 말할 수 없는 그 시간들 말이다.

영상에는 남편으로서의 미안함과 아내에 대한 고마움이 담겨 있었다.

"먼저 너무 미안합니다. 같이 주님의 일을 하겠다고 이곳에 와서 고생만 시키고. 그래도 내 곁에 함께 있어 줘서 고맙습니다. 당신이 옆에 없으면 나는 어떻게 살까. 당신이 곁에 있어 주는 것만으로도 나에겐 큰 복이구나 생각합니다. 누구보다 열심히 주님을 사랑하는 당신의 모습이 나에게 힘이 됩니다. 고맙고, 미안하고, 사랑합니다."

어렵게 어렵게 말을 이어 간 남편의 고백을 듣고 아내 선교사님은 조용히 눈물을 흘렸다. 우리 모두가 그녀를 위해 진심으로 기도했다. 평소에는 대인기피증으로 남의 손이 닿는 것도 싫어하던 분이었다는데, 밝은 모습으로 다른 선교사님들과 팔짱을 끼고 사진까지 찍었다. 그런 아내의 모습에 남편 선교사님은 너무도 감격했다. 몇 년만에 아내의 웃음을 보는 건지 모르겠다며…. 하나님이 한 사람을 마음의 감옥에서 꺼내 주신 회복의 현장이었다.

나는 에젤세미나에 초대받은 선교사님들은 에젤선교회가 아닌 왕의 초대를 받은 것이라는 생각을 종종 한다. 한 영혼의 삶에 들어가서 일하시는 하나님이 보인다. 아무도 모르고, 누구에게도 말하지 않았던 그 비밀한 사연 속으로 들어가 손을 내미시는 하나님을 볼 수 있으니 말이다.

하나님은 우리로 하여금 인간 내면의 상처가 깊으면 하나님 앞으로 나아가지 못한다는 것을 보게 하셨다. 하나님은 아내의 아픔을 누구보다 잘 아는 남편의 사랑으로 치유되게 하셨다. 남편의 영상 편지는 아내가 다시 하나님 아버지를 만나는 도구가 되었다. 이것이 바로 아버지의 마음이며 거룩이었다. 하나님의 거룩은 우리 안에 있는 상처가 치유되는 것이다. 이것이 하나님의 형상 회복이 아니겠는가.

"많이 힘들고 아팠지? 그동안 고생 많았어. 정말 애썼어. 내가 안아 줄게."

인도에서 하나님은 선교사들과 인도 목회자들 사이에서 내어놓지 못하는 그들만의 아픔을 위로해 주기 위해 레위기를 사용하셨다.

하나님의 마음은 사역이 아닌 사람에 있다. 인도에서 하나님이 우리에게 보여 주신 것은 한 편의 시편과도 같았다. "내가 거룩하니 너희도 거룩하라"는 말씀은 어쩌면 에덴동산에서부터 지금까지 계속해서 우리에게 말씀하시는 하나님의 사랑 고백이 아닐까.

거룩은 그 단어가 주는 무게 때문에라도 어렵고 힘든 일이라고 생각한다. 나는 세계적인 목회자 정도가 되어야 거룩을 말할 수 있는 것 아닌가 하고 생각한 적도 있다. 그런데 왜 많고 많은 사람 중에 이 작고 작은 나에게 하나님의 거룩을 회복시키라는 명령을 주셨을까?

거룩을 선포하는 것은 거룩하지 못한 나에겐 너무도 큰 미션이다. 그런데 레위기를 강의한 지 10년쯤 지나고 보니 오히려 이것은 내 안의 모든 아픔과 상처로 인한 부정한 것들을 치우시는 하나님의 거룩한 작업이었음을 알게 되었다. 레위기 강의를 할 때마다 나 자신을 비워 내고 하나님의 임재 안에 거하려는 노력을 통해 하나님은 나와 더 깊이 교제하고 싶어 하셨으며, 거룩은 오롯이 나를 향한 하나님의 숨겨진 사랑임을 깨달았다. 하나님은 인도 사역을 통해 에젤이 다시 리셋(reset)할 수 있도록 하셨다.

하나님의 위로 전달자

대전 온누리교회 담임이었던 박태영 목사님(현재 밴쿠버 온누리교회 담임)에게서 연락이 왔다. 성도들 100명과 함께 밴쿠버 아웃리치를 가야 하는데 교통사고를 당하는 바람에 허리가 좋지 않아 예정되어 있던 와이미션(Why Mission) 강의 일부를 대신 해 달라는 부탁을 해 왔다.

일주일 후 나는 일정을 조정해 캐나다 밴쿠버로 날아갔다. 첫날 강의 시작 전 당시 밴쿠버 온누리교회를 담당하고 있던 이한규 목사님에게 빌립보서 4장 6-7절 말씀이 보였다.

"아무것도 염려하지 말고 다만 모든 일에 기도와 간구로, 너희 구할 것을 감사함으로 하나님께 아뢰라

그리하면 모든 지각에 뛰어난 하나님의 평강이 그
리스도 예수 안에서 너희 마음과 생각을 지키시리
라"(빌 4:6-7).

나는 이 말씀이 이 목사님이나 교회와 연관이 있을 거라
고 생각했다. 교회로 이동하는 차 안에서 나는 이 목사님께
하나님이 주신 말씀을 나누었다. 그러면서 혹시 이 교회와
말씀에 어떤 연관이 있는지 물어보았다. 이 목사님은 아무
말이 없으셨다. 잠시 후 차는 교회 주차장에 도착했으나 이
목사님은 내리지 않으셨다. 그러더니 흐느끼시는 것이었다.
임시로 준비된 텐트(예배당) 안에서는 벌써 찬양이 흘러나오
고 있었다. 내가 강의를 시작해야 하는 시간이 다가오고 있
다는 신호다.

목사님이 감정을 추스르셨을 무렵 나는 무슨 일인지 여
쭤 봤다. 밴쿠버 온누리교회는 교회 부지는 있었지만 예배
당이 없어서 학교 강당을 빌려서 주일예배를 드리고 있었
다. 성도들 사이에 교회 부지와 관련해 여러 문제와 재정적
갈등이 있었고, 이런 저런 문제들로 교회를 떠나는 성도들
도 많았다.

부임 이후 힘들었던 순간에 하나님이 목사님에게 주셨던
말씀이 바로 빌립보서 4장 6-7절이었다고 한다. 이 교회에
부임 후 1년 6개월 동안 그 말씀을 붙들고 씨름해 왔는데 오

늘 하나님이 다시금 자신을 바로 그 말씀으로 위로해 주신 것 같다고 했다. 그러면서 내게 이 말씀으로 오늘 저녁 설교를 해 주면 좋겠다고 부탁하셨다. 하지만 당시 나는 신학교 2학년생이었고 갑자기 설교를 할 수 있도록 훈련받은 사람이 아니라 난감했다. 예배 시작까지 시간이 채 20분도 남지 않은 상황이라 일단은 기도를 시작했다.

"아이고 하나님, 어쩌자고 이런 상황을 주십니까. 갑자기 본문 해석도 없이 90분 동안 어떻게 이 많은 사람 앞에서 설교를 합니까?"

정신을 가다듬고 찬찬히 본문을 다시 읽어 보니 기도에 대한 말씀이었다. "아무것도 염려하지 말고 감사함으로 기도하라"는 하나님 음성이 들리는 것만 같았다. 기도, 간구, 아뢰라 모두 동일한 단어로 세 번 반복이다. 기도에 대한 강의는 할 수 있을 것 같았다.

그때 무슨 말씀을 어떻게 전했는지 잘 기억도 안 난다. 설교를 마치고 몇 성도가 기도해 달라고 앞으로 나오기에 마음을 다해 기도했던 것은 기억이 난다.

무사히 집회를 마치고 나가는데 "5천 달러"라는 마음의 소리가 들렸다. 이 교회에 헌금하기를 원하시는 주님의 뜻으로 알고 순종하기로 했다. 그렇게 큰 현찰을 가지고 있지 않으니 교회 계좌번호를 받아 미국으로 돌아왔다. 그리고 일주일쯤 지나 무심코 거리를 지나다가 은행을 보고는 그제야 헌금을 해야 한다는 것이 기억났다. 나는 곧장 은행으로 달려가 헌금을 보내고 이 목사님에게 전화를 드렸다. 그랬더니 전화 너머 또 다시 이 목사님의 떨리는 목소리가 들렸다.

알고 보니 집회를 위해 대형 텐트를 주문했는데, 교회 부목사님의 착오로 맞지 않는 텐트가 도착했다는 것이다. 주문 취소를 하고 새로운 텐트를 주문해야 했다. 문제는 추가 재정 지출이 되어야 하는 상황이다 보니 비전 위원들이 술렁였다. 목사님은 자신이 대형 텐트 렌탈 비용을 책임지고 지불하겠다고 했다. 돈도 돈이지만 부임 이후 지금까지 어렵게 교회 재정을 맞춰 놓은 상태인데 이런 사고가 터지니 이 목사님의 상실감이 너무 컸다는 것이다. 그 텐트 렌트비가 딱 5천 달러라고 했다.

그제야 나는 하나님이 왜 나를 캐나다로 보내 이 목사님에게 염려하지 말라는 말씀을 전하게 하시고, 헌금까지 하게 하셨는지 알게 되었다. 하나님은 교회를 위해 헌신한 이 목사님을 위로해 주고 싶으셨던 것이다. 이런 일을 겪으면서 나는 주님이 주시는 굿뉴스를 듣기 위해서는 거쳐야 할 과정이 있다는 것을 알게 되었다. 결코 건너 뛸 수 없는 것, 순종이다.

나는 캐나다를 다녀와 곧바로 기쁨의 서신서라 불리는 빌립보서를 연구하기 시작했다. 빌립보서는 사도 바울이 감옥에서 빌립보교회 성도들에게 쓴 옥중편지다. 빌립보교회 성도들은 가난하고 성도 간의 갈등도 있었지만 그 어떤 교회보다 바울이 사랑했던 교회다. 나는 벤쿠버 온누리교회를 빌립보서 말씀에 비춰 보며 하나님이 시대를 초월하여 두 교회에 주신 동일한 메시지에 감동했다. 사역의 고단함은 선교사뿐 아니라 이민 목회자들도 동일하게 존재함을 나에게 보여 주셨다.

이 한 권의 책을 통해 하나님께서 이 땅의 사역자들에게 넘치는 기쁨을 마음껏 부어 주시길 바라는 마음으로 빌립보서를 연구하고 새로운 성경공부 교재를 제작했다. 빌립보서는 레위기, 마태복음, 에베소서에 이어 네 번째 성경공부 교재로 탄생했다.

10년이 지나 오랜만에 다시 이 목사님과 통화할 기회가 있었다. 내가 목사님을 만난 이후 빌립보서로 성경공부 교재를 출간했다고 전하니 목사님은 무척이나 기뻐하셨다. 목사님도 내가 10년 동안 몰랐던 한 가지 놀라운 소식을 전해 주셨다. 그동안 늘 적자였던 교회 재정이 그날 이후 한 번도 부족한 적이 없었다는 것이다. 또한 목사님은 개인적으로 아버지같이 귀한 성도님이 그날 내 개인기도를 받고 목사님의 든든한 후원자가 되어 주었다고 고마워했다.

이 목사님에게도 아픔과 인내의 시간은 있었지만 하나님께서 부족함 없이 인도해 주셨다는 간증을 들으며 나는 기도의 능력은 순종에서 시작됨을 다시 한번 배우게 되었다.

닥터 헬기

　　2021년 6월, 정기 건강검진에서 간에 다발성 물혹이 수십 개가 발견되었다. CT사진을 살펴본 주치의는 물혹이 너무 많고 그중에 일곱 개는 크기가 10센티미터가 넘으니 언제 터질지 모른다면서 바로 응급 수술을 결정했다. 사실 나는 2011년에도 간에 동일한 문제가 생겨 시술을 받은 적이 있었다. 그런데 10년이 지나 물혹이 수십 개로 늘어났고, 무엇보다 혹의 크기가 문제였다.

　수술 후 의사는 강권적으로 휴식을 권했고 큰딸은 내 휴대전화는 당분간 압수라며 가져갔다. 그런데 큰딸이 무슨 일인지 수술을 마치고 회복실에서 나오자마자 아직 마취도 덜 깬 상태인 나에게 휴대전화를 내밀었다. 이 문자 메시지는 한번 봐야 할 것 같다면서 말이다. GBT(성경번역선교회) 김현 대표가 이사들에게 보낸 메시지였다.

당시는 전 세계적으로 코로나가 확산되기 시작한 때였다. 어딜 가나 생존에 대한 두려움과 공포감이 있었다. 메시지는 인도네시아 파푸아에서 사역하고 있는 장*태 선교사님이 현재 말라리아와 폐렴인 상태에서 코로나까지 걸려 생명이 위독해 급히 에어 앰뷸런스(닥터 헬기)를 보내야 한다는 내용이었다. 그런데 문제는 헬기를 띄우는 비용이 2억 4천만 원이다. 김 대표님에게 전화를 걸어 보았다. 이미 인도네시아 지역 병원들은 모두 환자들로 넘쳐나 치료가 불가능하니 한국으로 이송을 해야 하는데, 현재 본부에는 그럴 만한 재정이 없었고, 촌각을 다투는 일이라 김 대표는 몹시 난감해하고 있었다. 이대로 두다간 장 선교사님은 며칠 내로 돌아가실지도 모른다.

GBT에 소속된 선교사가 200명이 넘는데 코로나에 걸릴 때마다 헬기를 띄울 수는 없지 않은가. 처음 있는 일이라 선례가 될 터였다. 어느 정도까지 아파야 헬기를 띄울지 기준이 필요했다. 또 이송을 한다고 해서 반드시 살아난다는 보장도 없는데 헬기를 띄울 만큼 큰 돈을 짧은 시간에 마련할 수 있을지, 김현 선교사는 대표로서 고민이 될 수밖에 없었을 것이다.

나는 상황이 급박한 만큼 사람부터 살리고 볼 일이라고

말했다. 나는 김 대표님에게 융통이 가능한 재정을 물어 봤다. 얼마 전 GBT 소유 선교관을 하나 매각하면서 일정의 자금이 있기는 하다고 했다. 그렇다면 우선 그 재정으로 헬기를 부르고 그 사이 필요한 재정을 모아 보자고 했다. 이사들의 허락은 김 대표의 몫이다. 나는 마취도 덜 깬 상태에서 곧바로 사람들에게 일일이 전화를 걸었고 장 선교사님을 데려오기 위한 헌금 요청을 했다. 내 몸에도 링거가 일곱 개에 소변 줄과 몸통 양쪽에 물주머니가 달려 있었다. 도대체 누가 누굴 걱정하는가 싶은 딸의 걱정과 눈물 어린 시선이 따라왔지만, 그것까지 살필 여유가 없었다.

그렇게 한참을 통증도 잊은 채 전화를 돌렸다. 오후 늦은 회진 시간에 병실을 방문한 주치의는 전화하느라 정신없는 나를 보더니 오늘 간 수술한 사람이 하루 종일 이렇게 전화통만 붙잡고 있으면 어쩌느냐며, 그 사람 살리기 전에 당신이 먼저 죽을 수 있다고 화를 내며 나가 버렸다. 그런데 어쩌겠는가. 장 선교사가 죽을 수도 있다는데.

5일 동안 나는 휴대전화를 붙잡고 씨름하다가 퇴원했다. 그 사이 놀랍게도 장 선교사님에게 필요한 재정은 넘치도록 채워졌고 환자 이송은 차질 없이 이루어졌다. 그 사이 아내이*숙 선교사님도 코로나에 걸려 두 사람이 함께 수송되었지만 경비는 부족하지 않고 오히려 남았다. 태산처럼 보이던 금액도 간절한 마음들이 모이자 넘치도록 채워졌고, 두 명의 귀한 생명을 살릴 수 있었다. 추후 남은 헌금의 일부는 다른 기관의 코로나 기금으로 전달되었다는 소식도 들었다.

장 선교사님 부부는 한국에서 무사히 치료를 받고 회복해 파푸아로 다시 돌아갔다. 한 사람을 살리기 위해 나뿐만 아니라 수많은 사람이 기도하고 헌금을 모으며 뛰어다녔을 것이다. 어떻게 이 일이 가능했을까. 나는 선교사를 죽음에서 살리고 싶은 하나님의 마음을 품은 사람들의 간절함이 모아져 이루어진 기적이라고 생각한다.

물론 모든 선교사님이 다 이런 특별한 혜택을 받을 수 있었던 것은 아니다. 장 선교사님 부부는 살 수 있는 기회를 얻었지만 그렇지 못한 많은 사람이 코로나로 목숨을 잃었다. 마치 누구는 대한민국에 태어나고 누구는 북한에 태어나는 것처럼 이 또한 하나님의 영역이다. 많은 사람이 코로나로 치료받지 못하고 죽어 갔지만 그래도 그중 한 사람을 살릴 수 있는 기회가 우리에게 주어졌다면 이것도 감사한 일이다.

누군가는 한국에서도 많은 사람이 죽어 나가는데 이렇게 헬기까지 띄워야 하느냐고, 그 돈이면 100명도 살릴 것이라고 말할 것이다. 꼭 산다는 보장도 없는데 한 사람을 위해 그 큰 재정을 사용하는 것이 맞는가, 이런저런 의문을 제기할 수도 있다. 살려 달라고 기도를 열심히 하고, 그 재정은 다른 선교에 사용해야 하지 않겠냐고 말하는 사람도 있을 것이다.

그러나 나는 하나님이라면 어떻게 하셨을까 생각한다. 효

율을 따지기 전에 한 생명을 살릴 수 있는 방법이 있다면 우리는 무조건 매달려야 하지 않을까? 만약 어려움에 처한 사람이 내 가족이라면 어떻게 할 것인가? 우리는 서로를 한 지체라고 말하고 한 공동체, 한 식구라고 말한다. 그런데 그 지체가 위기에 처했을 때 또는 큰 재정이 들어가야 할 때 머뭇거린다면 한 지체라 할 수 있겠는가.

그리스도인의 신앙은 삶이 되어야만 한다. 장 선교사님이 다시 복음을 들고 걸어가는 그 길 어딘가에 우리 모두의 향기가 있다. 함께 기뻐하고 함께 슬퍼할 수 있는 것, 이것은 2억 4천만 원의 가치를 넘어서는 일이다.

나는 모금을 하는 동시에 GBT 선교사 그 누구에게도 다시는 이런 긴박한 상황이 발생하지 않도록 간절히 기도해야만 했다. 그 이후로 GBT선교회에는 코로나가 거의 끝나가는 지금까지 누구에게도 이와 같은 응급한 일이 일어나지 않았다. 이것도 기도 응답이다.

우리에게 일상은 매우 소중하다. 가장 아름다운 드라마는 각자 주어진 평범한 하루, 반복되는 일상을 살아 내는 것이다. 2023년 여름, 장 선교사님은 16년 동안 동역한 사역자들과 함께 성경 번역을 완성할 수 있었다. 이렇게 탄생한 왐본어(Wambon) 성경은 보이지 않는 수많은 기도와 섬김의 손길이 만들어 낸 영광의 열매다.

행복한 밥상

코로나로 전 세계가 패닉상태에 빠졌던 지난 시간들은 모든 인류에게 앞이 보이지 않는 어둡고 긴 고통의 시기였다. 에젤 역시 모이는 것조차 힘들었고 기도방도 위축되었다. 줄곧 해 오던 해외 세미나 사역도 나갈 수 없게 되었다. MK들이 기다리는 어린이날 선물이나 성탄 선물조차 일부 나라는 항공 길이 막혀 보낼 수가 없었다. 아무것도 할 수 없기는 선교지도 마찬가지였다. 모든 것이 멈춰 버린 것 같은 시간들이었다. 굳이 TV를 켜지 않아도 여기저기서 들리는 죽음의 공포는 전 세계를 위축시켰다. 귀국하지 않고 현장에 남아 있는 선교사님들의 안전 문제는 우리 모두의 마음을 힘들게 했다.

우리가 할 수 있는 것은 오직 기도뿐! 전 세계에 있는 에젤 식구들에게 24시간 릴레이 기도를 요청했다. 세계 곳곳에서 보내 오는 '기도합니다'라고 쓴 문자메시지는 그 시간을 견뎌 내야 했던 선교사들은 물론 우리 모두에게 큰 힘이 되었다.

그동안 한 번도 경험해 보지 않은 비대면 기도 모임이 시작됐다. 인터넷과 SNS에 익숙하지 않은 에젤 아줌마들은 서툴고 어려워도 하나 둘 열심히 배워 나갔다. SNS 사용량이 증가하면서 해외 기도방 식구들을 영상으로 만나 소통할 수 있게 되었다. 더 많은 기도제목들이 들어 왔고, 에젤이 해야 할 일이 그전보다 훨씬 더 많아진 것 같았다. 위기는 기회가 되었다.

우리는 가방 하나 들고 황급히 들어온 선교사님들을 보면서 에젤이 무엇을 할 수 있을까 고민했다. 긴급한 철수로 냉장고에 음식들을 그대로 둔 채 오시지 않았을까? 집안도 제대로 치우지 못하고 부랴부랴 나오신 것은 아닐까? 필요한 물건들은 가져오셨나? 어디에 숙소를 정하셨을까? 자녀들의 학교는 어떻게 하나? 언제쯤 다시 돌아갈 수 있을까? 이런 모든 것들이 염려되었다.

그때 격리 중인 어느 선교사님이 아프다는 소식이 들렸다. 김미현 권사님(강남동산교회)이 숙소로 음식을 보내 주면 좋겠다는 의견을 냈다. 그렇게 우리는 격리 중인 모든 에젤 선교사님들에게 한국 음식을 보내기로 결정했다. 에젤 회원들은 다들 마음만큼 손도 크다. 직접 만든 낙지젓 100병, 잡채, 나물 그리고 밑반찬들이 모였다. 집집마다 준비해 온 음식을 통에다 나눠 담는 것만도 몇 시간이 걸릴 만큼 풍성했다.

음식을 받고 기뻐하는 선교사님의 감사 인사는 잠시 위축되었던 에젤선교회가 다시 한번 일어설 수 있는 기폭제가 되어 주었다. 우리는 이 사역을 '행복한 밥상'이라 부르며 그 이후 코로나 격리 중인 선교사님들에게 음식뿐 아니라 필요한 물품을 제공하는 사역으로 확장시켜 나갔다.

우리가 만든 음식에 이왕이면 과일도 함께 전달하자는 의견이 나왔다. 이때 과일은 윤두석 목사님과 김지혜 사모님(푸른숲교회)이 후원해 주셨다. 윤 목사님이 지병으로 더 이상 목회를 하기 어렵게 되자 사모님과 함께 SNS 밴드로 과일을 주문받아 판매하고 있었다. 김 사모님이 내 SNS 계정에 올라 온 사진을 보고 '행복한 밥상'에 과일을 선뜻 제공해 주시게 된 것이다.

우리는 준비된 반찬과 과일을 선교사님 가정마다 직접 방문해 전달했다. 어느 선교사님의 어린 자녀가 배달된 딸기를 보며 "엄마가 비싸서 딸기는 먹을 수가 없다고 했는데…" 하는 말을 듣고 가슴이 찡했다. 딸기 하나에 기뻐하는 딸의 모습을 보며 선교사님은 두려웠던 바이러스에 대항할 힘이 생기는 것 같다며 고마워하셨다.

푸른숲교회가 따뜻한 마음으로 보내 준 과일은 가는 곳마다 감동 그 자체였다. 그 이후 지금까지도 목사님 부부는 에젤선교회 안식관에서 머무시는 선교사님들을 위해 매월 두 번씩 과일 바구니를 보내 주며 기꺼이 에젤의 동반자가 되어 주고 있다.

어느 날 수랏간이라는 이름의 떡볶이집을 지나게 되었다. 우리 사무실에 손님들이 올 때마다 종종 사먹는 곳인데 근처 학원에 학생들이 있을 때는 괜찮았지만 코로나로 모든 대면 수업이 없어져 가게에도 손님이 없었다. 나는 일부러 그 가게에 들러 떡볶이를 주문했다. 테이블에 앉아 사장님과 이런저런 이야기를 나누다 보니 교회 권사님이라는 걸 알게 되었다.

나는 선교사님 기도 편지를 드리며 에젤선교회를 소개했다. 그런데 얼마 후 사무실로 나를 찾는 연락이 왔다. 수랏간 권사님이 "선교사님들이 이런 거 드시나요? 혹시 자녀가 있는 선교사님들이 원하시면 드실 수 있게 준비해 드릴게요. 제가 가게에서 혼자 일을 해서 배달은 어려워요"라고 하셨다. 선교사님들에게도 순대와 떡볶이는 늘 인기라고 했더니 권사님은 너무 좋아하시며 선교사님이 먹고 싶을 때 연락만 주면 곧바로 따끈따끈한 새 것을 해 드리고 싶다고 했다. 수랏간 권사님을 보며 남을 배려하는 사람의 마음이 이런 거구나 싶었다. 모두에게 어려운 시간인데도 이렇게 선교사를 섬기려는 성도들이 있구나 싶어 마음이 따뜻해졌다.

인도네시아 레스튜 선교사님이 에젤선교회로 감사의 편지를 보내왔다. 하나님이 자신들에게 해 주신 깜짝 선물에 대한 이야기였다.

"저희가 한국에 들어와 격리된 첫 날은 우리 딸 지수의 생일이었습니다. 지수가 크게 실망했지요. 생일에는 꼭 피자와 치킨을 사 주기로 약속했는데 지킬 수 없게 되었으니 말입니다. 그런데 에젤에서 전화가 왔습니다. 필요한 것과 먹고 싶은 것이 있냐구요. 가족 모두 에젤 덕분에 치킨을 먹게 되었다며 들떴습니다. 그런데 이를 어쩌나. 배달원이 치킨을 1층에 놓고 가 버린 것입니다. 우리 숙소는 3층이었고, 격리 기간 중에는 같은 층에서도 이동을 하면 안 된다기에 규칙을 어길 수 없어 아이들은 시무룩해졌습니다. 그런데 잠시 후 벨을 누르는 소리가 나서 나가 보니 문 앞에 치킨이 놓여져 있는 것입니다. 에젤에서 배달에 문제가 있는 것을 알고는 근처에 사는 다른 분에게 부탁해 우리 숙소 1층에 배달된 치킨을 가져다주신 것이지요. 우리는 규칙을 깨지 않고도 딸이 간절히 바라던 한국의 치킨을 먹을 수 있었습니다. 딸에게 너무도 행복한 생일을 선물해 주셔서 감사합니다."

누군가의 섬김과 세심한 사랑이 그날 이 한 가족을 위로
해 주었고, 하나님의 사랑의 통로가 될 수 있어 우리 에젤
역시 기뻤다.

또 하나님은 코로나 기간 교회들과 연합해서 선교사님
을 도울 수 있는 방법을 하나씩 알려 주셨다. 팬데믹 시기
에 귀국한 선교사님들은 얼마나 오래 한국에 머물러 있어
야 할지 아무도 모르는 상황 속에서 온 가족과 장기적으로
머물 수 있는 숙소를 찾기가 하늘의 별 따기였다. 에젤선교
회는 급하게 선교사들이 잠시 머물 수 있는 두 동의 아파트
를 마련했다.

금호중앙교회(안광국 담임목사)와 MOU를 맺고 교회 내 선교
관을 새롭게 단장해서 선교사님들에게 제공했다. 명수대교
회(김강덕 담임목사) 학사관 4동을 빌려 대학생 MK들에게 무상
으로 제공하기도 했다.

그 시기에 우편물 발송 항공료도 인상되어 에젤이 해외
에 보내던 선물 값보다 항공 발송료가 더 비싼 나라도 있
었다. 그래도 기다리는 아이들이 있으니 선물은 보내고 싶
은 마음에 한 분이 좋은 아이디어를 제안했다. 각 나라마다
섬김을 대신 해 줄 수 있는 키맨(Key Man)의 도움을 받는 것
이다. 한국에서 한꺼번에 물건을 발송하면 키맨이 받아서

그 지역에 있는 선교사들에게 나누어 보내 주는 방식이다.

에젤의 아이디어를 전해 듣고 7개국의 선교사님들이 적극적으로 키맨으로 자원하셨다. 우리에게 아이디어를 얻어 키맨들도 자체적으로 그 지역에서 동역하는 사역자들에게 위로와 격려의 선물을 보냈다는 소식을 들었다. 어떤 분들은 에젤에서 받은 선물을 더 어려운 선교사들에게 나누기도 했다.

우리 사무실에는 모두가 마스크를 썼지만 언제나 그 사이로 웃음이 새어 나왔다. 어둡고 힘들었던 시기에 어디서 이런 웃음소리를 들을 수 있었을까. 나는 모두가 안 된다고만 했던 절망의 긴 터널 속에서도 우리에게 행복할 수 있는 기회를 주신 하나님께 감사했다.

PART 5

BEGIN AGAIN

"새로운 꿈을
시작합니다"

"항상 함께 있으리라"
(마 28:20)

작은 예배

에젤 회원들은 여성이 많다. 처음 에젤에 오면 밥하는 거 말고 잘하는 게 없다고 말하는 사람도 있다. 그런데 그 밥하는 걸 선교지에서 해 드렸더니 선교사님들이 살아났다. 현장에 가서 발을 씻겨 드리고 간식을 차려 놓으니 하나님이 기적을 만들어 가셨다. 선교사님들은 우리의 작은 정성에서 위로를 얻고 다시 선교할 힘을 얻었다고 말해 주었다. 하나님께서 우리에게 바라시는 것도 이런 소소한 것이 아닐까?

'누구나 선교할 수 있다'는 것이 우리가 추구하는 모토다. 처음 에젤에 오는 사람들 중에는 선교를 뭔가 거창한 것으로 오해하는 분들이 있다. 그런데 막상 일을 하다 보면 자신의 생각과는 너무도 다른 에젤의 모습에 당황해하기도 한다. 선교한다고 해서 와 보니 테이블보에 수를 놓고, 선물 박스에 리본을 달고, 카드를 만들고 하니 '이게 선교야?'라고 질문한다. 그렇게 몇 해를 지내다 보면 아이들 소꿉놀이처럼 보였던 이런 소소함이 선교사님들에겐 붕대가 되기도 하고 치료제가 되기도 하며 어느새 하나님이 보내 주신 위로품이 되는 것을 본다.

내가 처음 아프리카 선교사님에게 보냈던 낙엽 한 장은 에젤선교회의 추석 사역으로 발전했다. 하나님이 주신 첫 마음과 그 정신을 잊지 않기 위해 나는 그 감동을 계속해서 나눈다. 많은 제작물은 가능한 수작업을 하는데 그 이유는 우리의 사랑과 정성을 선물에 더하기 위해서다. 하나님의 마음을 표현하려는 에젤의 마음이랄까.

세족식을 진행할 때 의자의 줄을 맞추는 행위가 우리에겐 정성이고 정결함의 표현이다. 예수님이 제자들에게 행하신 엄숙한 의식을 재현해 보고, 2000년 전 예수님이 제자들의 발을 씻기신 그 자리에 우리 모두가 주님의 초청을 받는다. 세족식이 진행될 공간은 예수님께 드리는 거룩하고 아름다운 예배의 공간으로 준비하고 선교사들에게는 존중과 사랑의 마음을 담아 발을 씻어 드린다.

이용래 권사님(산마루교회)은 선물을 준비할 때도 액자 하나를 사기 위해 공장들을 다 뒤져서 원하는 가격과 품질의 제품을 찾아내고, 구입한 액자에 직접 칠하고 아이디어와 사랑을 실어 새로운 상품으로 탄생시킨다. 시간과 정성을 들인 만큼 감동이 더해진다. 비용을 줄이는 만큼 아이들에게 과자 하나라도 더 줄 수 있다. 그래서 이렇게 노력하는 것이다. 리본을 하나 묶어도, 풀칠을 하더라도 하나님 앞에서 자신이 맡은 일을 소홀히 여기지 않는 마음, 할 수 있는 최선을 다하는 것이 에젤의 자세다. 누군가는 그까짓 것에 무슨 공을 그렇게 들이냐고 하겠지만 뚝배기에 두부찌개 하나를 내더라도 갓지어 낸 새 밥으로 손님들을 섬기고 싶은 마음이다.

선물 포장 작업이 있을 때는 사무실이 온통 난리다. 박스들이 태산처럼 쌓여 있고 사람들로 북적거린다. 모이면 웃음이 끊이지 않는데 몸은 고되어도 마음이 행복해지는 은혜의 현장이다.

내가 이런 작은 감동을 추구하는 이유는 어쩌면 닫히고 상처 난 선교사님들의 마음의 빗장을 열고 주님께 조금 더 가까이 가실 수 있게 돕는 실마리를 찾기 위함이기도 하다. 맛난 간식과 정성스러운 선물은 위로가 되어 어느새 그 마음의 문을 열고 선교사라서 가져가야 하는 아픔들을 하나님께 풀어 놓는다. 에젤세미나는 강의보다 섬김에 은혜가 크다. 세족식은 선교지에서 쌓아 두었던 마음의 상처와 감정의 찌꺼기들을 스스로 털어 낼 수 있는 시간이 되기도 한다.

나는 이 모든 준비 과정이 하나님께 드리는 작은 예배라고 생각한다. 작은 일에 충성하는 이들에게 하나님은 결코 그것이 작은 일이 아니라고 하신다.

나는 에젤의 섬김을 통해 우리 행위가 아닌 하나님이 보여지길 바란다. 사역을 갈 때 우리가 사용했던 색종이며 가위며 풀 같은 것을 두고 가 달라고 부탁하시는 선교사님도 있다. 가위 하나도 쉽게 구매하기 어려운 지역이 있다는 것을 배운다. 세미나가 끝나면 어떤 분들은 우리가 썼던 장식품을 떼어 가신다. 에젤에서 만났던 하나님을 기억하고 싶어 그 흔적을 가져가고 싶은 마음의 표현이다. 마치 바닷가의 추억을 기억하고 싶어 조개껍데기 하나를 가져오는 것처럼 말이다.

나는 현장에서 사랑은 표현되어야 한다는 것을 새삼 깨닫는다. 말하지 않으면 모르고 행동하지 않으면 알 수 없다. 사랑하면 기도하게 되고 기도하면 자연스럽게 나의 것을 나눌 수 있다. 이것이 사랑이다.

마더 테레사 수녀는 "인생에서 중요한 것은 많이 생각하는 것이 아니라 많이 사랑하는 것"이라고 말했다. 사랑은 생각만으로 머물지 말고 표현되어야 한다. 행동하는 기도는 힘이 있다. 내가 힘들 때 기도해 주는 사람이 있다는 것이 얼마나 감사한 일인가.

또 다른 선교

에티오피아에서 사역하시는 박종국 선교사님의 자녀 대선이의 어릴 적 이야기다.

"이런 선물을 보내 주는 사람들은 누구예요? 우리가 아는 사람들이예요? 이분들이 어떻게 우리 생일을 알아요?"

그럴 때마다 박 선교사님은 이렇게 대답해 주곤 했단다.

"아빠 엄마도 만난 적은 없지만, 우리를 위해서 매일 기도해 주시는 분들이란다. 참 고맙지? 하나님의 일을 열심히 하라고 우리에게 보내 주신 천사들이야."

박 선교사님은 아이들도 아이들이지만 자신에게도 설렘을 선사해 준 것에 대해 고마워했다. 계절의 변화가 없는 에티오피아의 단조로운 일상에서 우리가 보내 준 단풍잎과 들

꽃이 일상에서 설렘을 준다고 말이다. 에젤은 로뎀나무 아래 누워 있는 엘리야를 다시 일어날 수 있도록 어루만져 준 천사와 같았다고 말해 주었다. 에젤이 잊지 않고 보내 주는 격려 덕분에 오늘도 복음의 씨앗이 뿌려지고 있는 것 같다고도 했다.

그동안 에젤이 선교사님들에게 가장 많이 들었던 말은 에젤을 통해 '하나님이 우리를 잊지 않으셨다'는 사실을 기억하게 된다는 말이다.

"에젤이 보내 준 추석카드는 해외에서도 내가 한국인이라는 것을 기억하게 해 주었습니다. 나조차 어느새 잊고 살아가던 생일에 정성이 담긴 카드를 받았을 때, 마치 주님의 얼굴을 만난 듯, 주님이 보내 주신 선물 같습니다."

"잊힌다는 것은 참으로 슬픈 일입니다. 그런데 계속해서 나를 잊지 않고 있다는 소식을 전해 주심에 감사합니다."

"아무것도 없는 황량한 땅, 아이들 생일이 돌아와도 생일 선물 하나 변변히 살 곳 없는 이곳에 당신이 보내준 선물이 왔습니다. 예쁜 머리띠 하나에도 사랑이 보입니다. 아이들이 너무나 행복해하는 걸 보면서 하나님이 나를 이렇게 많이 사랑하고 계심을 뜨겁게 느낍니다."

하나님이 결코 자신을 잊지 않으셨다는 것을 에젤이 보낸 작은 선물 하나에서 느끼고, 지쳐 쓰러져 있는 자신들을 일으켜 세워 준 고마운 손길이었다고 했다.

학교를 짓거나 우물을 파는 것만 선교가 아니다. 어떻게 보면 선교사들의 소소한 일상을 챙기고 그분들이 위로를 받고, 쉼을 얻고, 다시 일어나 부르심의 길을 뚜벅뚜벅 걸어갈 수 있게 돕는 것도 선교다.

에젤은 하나님이 엘리야에게 보낸 까마귀가 되고자 한다. 선교사님들이 느끼는 감동은 누군가 기도하고 있으며, 누군가는 현장의 필요가 무엇인지를 앎으로 가능하다. 에젤선교회는 하나님의 돕는 손길이 되기 위해 분주하다. 이렇게 우리의 몸과 마음과 정성을 다해서 하나님께 드리는 거룩한 예배가 완성된다.

편견과 오류

어느 날 갑자기 추방을 당하는 선교사님들이 있다. 하루아침에 삶의 터전을 떠나야 한다는 것은 엄청난 스트레스와 정서적 트라우마가 생기는 일이다. 그렇게 황망한 상태에서 한국으로 들어는 왔지만 당장 갈 곳이 없다. 요즘은 친형제 자매들도 받아주기 힘들고 교회나 교단도 한꺼번에 많은 선교사님을 받아 줄 숙소가 준비되어 있지 않다. 반기는 곳이 없으니 선교사님들은 어떻게든 다시 선교지로 돌아가려고 애를 쓰지만, 갈 길이 막혀 버리면 가족과 함께 찜질방에서 보내기도 한다. 이번 코로나 사태는 한국교회가 선교사를 파송하는 것은 열심이지만 위기 대처 능력이 부족했다는 것을 여실히 보여 준 사건이기도 하다.

이제 코로나 팬데믹도 끝자락이 보인다. 선교지로 돌아갈 분들은 가고, 남을 사람은 남게 되었다. 이제 엔데믹(Endemic) 시대가 찾아왔고 교회는 다시 정상으로 운영되지만 교회 사역의 우선순위에서 선교는 뒤로 밀리고 아직까지 제자리를 찾지 못하고 있는 듯하다.

성경은 온통 선교 이야기다. 복음주의 신학자 크리스토퍼 라이트(Christopher J. H. Wright)는 창세기부터 계시록까지 성경은 하나님의 선교 이야기로 쓰여 있다고 말한다. 선교는 선교사만 하는 것이 아니다. 땅 끝까지 복음을 전하라 하신 것은 주님이 주신 지상명령(마 28:19-20)으로 성도 모두에게 맡겨진 사명이다. 교회는 어떤 상황에서도 반드시 선교를 해야만 한다. 선교는 선택이 아니다.

한국교회가 가지고 있는 선교에 대한 오해와 편견이 존재한다. 아직도 도시 사역자분들에게, 오지 선교사님도 있는데 왜 이런 편한 곳에 사는가 말하기도 하고, 고생하며 힘들게 생활하는 선교사를 보면 안쓰러워하면서도 선교사는 당연히 그렇게 살아야 한다고 생각하는 사람들도 있다. 도시든 오지든 각자의 부르심이 있고, 한 영혼에 대한 마음은 똑같다. 시대가 변하고 사역도 다양해지는 만큼 선교를 바라보는 성도들의 시각도 달라져야 한다. 지금은 교회 개척뿐 아니라 다각도의 선교 전략을 펼쳐 나가고 있는 시대다.

어느 선교사님의 선교비가 끊긴 가슴 아픈 이야기를 들었다. 그분은 자신이 입고 있던 옷이 F사 명품인 줄 몰랐다. 어떤 분이 입던 옷을 주신 것인데 명품에 대해 잘 모르니 그저 깨끗한 헌 옷이라 입었을 뿐이었다. 그런데 후원자가 그걸 보고 명품을 좋아하는 선교사라고 낙인을 찍고 선교 헌금을 끊었다고 한다. 나는 명품을 입고 싶지만 선교사는 명품을 입어서는 안 된다고 생각하는 것도 편견이다. 선교사님에게 새 옷으로 명품을 사 주는 후원자가 과연 얼마나 있을까? 이런 생각까지 미치지 못하니 그저 눈에 보이는 대로 판단하고 정죄하는 것이다.

선교사들은 복음을 위해 모든 것을 내려놓고 주를 위해 살겠노라 결단하고 가는 분들이다. 그렇다고 우리가 그분들의 삶에 고생을 강요해서는 안 된다. 가는 선교사, 보내는 선교사라고 교회에서 표어처럼 말을 한다. 방송국에 만 원만 내도 전파 선교사라고 부른다. 그런데 우리는 선교적 삶을 살지 않으면서 선교사에게 높은 잣대를 들이댄다. 선교사라면 믿음과 영성부터가 일반 성도들과는 다를 것이라는 선입견도 있다.

그러나 이런 생각은 반은 맞고 반은 틀리다. 그분들이 부르심을 받았지만 또한 선교사도 사람이다. 나는 좋은 차 타고 싶고, 한 평이라도 넓은 아파트에 살고 싶고, 아이들을 좋은 학교에 보내고 싶어 하면서 선교사는 그러면 안 된다고 생각하는 편견을 갖고 있지는 않은가. 물론 가난함에서 오는 영성이 있다. 검소한 삶의 모습에서 우러나는 신앙의 본보기가 있다. 하지만 부유한 삶을 추구하는 사람들이 선교사들에게 청빈을 요구하는 것은 오류이며 교만이다.

선교 현실과 파송 교회 사이에 불편한 진실이 존재한다. 그래서 선교사님들은 선교 상황을 알아주는 것만으로도 고마워한다. 무언가를 해 줘서가 아니라 이해하려고 노력하고 공감하기만 해도 선교사들은 숨을 쉴 수 있다. 성도들이 선교사들의 삶에 공감이 어려운 이유는 선교에 대해 잘 모르기 때문이며 훈련되어 있지 않기 때문이기도 하다. 선교를 모르면 배워야 한다. 누군가 잘못된 것을 말해 줄 사람이 필요하다.

선교에 대한 훈련과 배움의 시간은 우리가 갖고 있는 인식의 틀을 깨는 시간이다. 교회가 몇 명의 선교사를 파송했고, 지출한 선교비도 많고, 정기적으로 아웃리치를 간다고 해서 진짜 선교를 안다고 할 수는 없다.

선교사들이 현장에 나간 특공대라면 우리는 후방에 있는 본부다. 정확한 현장의 정보가 없다면 선교사들을 위해 본부는 어떻게 이들을 지켜 낼 것인가? 종교의 자유가 없는 나라에서는 누군가 복음을 전해야만 그들이 구원에 이를 수 있다. 그런 백성에 대한 하나님의 안타까움과 복음이 전해지지 못한 그 땅을 향한 하나님의 마음을 우리는 알려고 노력해야 한다.

한국 선교가 마주한 또 하나의 문제는 선교사들의 고령화 문제다. 1980-90년대 선교 부흥기에 떠난 선교사님들은 이미 연령이 매우 높다. 그러나 대부분의 선교사들은 아파도 한국에 한번 나오려면 안식년까지 기다려야 하는 것이 현실이다. 그러다 보니 병을 키워서 귀국한다. 선교사들이 은퇴 후를 준비했어야 하지만 현실적으로 어렵다. 한국교회 그 누구도 은퇴 선교사를 돌보지 않는다면 한국 선교의 미래도 어두울 것이다.

우리가 선교사들을 후원하는 것에 대해 '주는 사람'(Giver)이라는 마음을 가져서는 안 된다. 우리는 선교의 '동반자'(Partner)다. 교회가 한 선교사를 후원하기로 결정하고 파송했다면 모든 시간을 함께해야 함은 당연하지 않은가?

안에서 시작하는 선교

2009년 봄이었다. 5월에 열릴 에젤 창립기념일에 무엇을 하면 좋을까 기도하던 중에 꿈에서 여러 나라 사람들이 모여 서로 손을 잡고 춤을 추는 모습을 보았다. 나는 외국인 찬양 사역자들을 초대해 각 나라를 위해 기도하며 축복하는 시간을 준비하기로 했다. 외국인 찬양 사역자들이 주중에는 공장에서 일하는 사람들이 많기 때문에 서울까지 제시간에 모이는 것도 쉽지 않은 일이다. 어찌어찌 각국의 찬양팀을 모으긴 했으나, 우리에겐 그들이 요구하는 악기가 없어 난감했다. 그런데 당시 오류교회 부목사였던 김성수 목사님(현재 워싱턴 메시야장로교회 부목사)이 트럭을 빌려 청년들과 함께 악기를 가져와 세팅까지 해 주었다. 준비는 완료!

찬양예배가 시작되자 통로며 입구까지 사람들이 꽉 들어찼다. 찬양이 순서대로 무대에 올려졌고 다음은 러시아팀 차례였다. 바로 그때 러시아팀 한 자매의 아버지가 돌아가셨다는 연락이 왔고 팀원들이 그 소식을 듣고 망연자실했다.

자매는 자신은 이 상태로 찬양할 수 없지만 러시아 팀만은 꼭 무대에 서 달라고 팀원들에게 부탁했다. 2000년대 초 한국에 들어온 러시아 여성들은 직장을 구하지 못하는 상황에서 유흥업소의 유혹에 쉽게 노출되거나 때론 일하는 곳에서 성추행을 당하기도 했다. 한국 땅에 꿈을 가지고 들어왔으나 상처받은 러시아 사람들을 대신해서 러시아 찬양팀이 한국교회 성도들의 기도를 꼭 받게 해 달라고 했다. 나는 부끄러웠고 또 러시아 여성들의 상처받은 마음과 그녀의 간절한 마음이 느껴졌다. 이런 상황이 어찌 러시아인들에게만 해당되겠는가.

자매의 바람대로 러시아팀의 찬양은 무대에 올려졌다. 그날 모두 열일곱 개 국가의 찬양을 하나님께 드렸고 그 자리에 있는 사람들은 언어와 문화는 다르지만 주님 안에서 찬양으로 하나가 되었다. 끝으로 우리는 각국의 찬양팀 모두를 무대에 올려 축복했고 그들도 우리를 축복해 주었다. 무대에서 다 같이 무릎을 꿇고 기도를 받던 그들은 누구랄 것도 없이 모두 울음바다가 되었다. 그 울음소리는 이들이 한국 사람들에게 받았던 수많은 상처와 설움들을 말하고 있었다.

본국에서 대학까지 나왔지만 한국에 코리안드림을 품고
와 공장이나 남의 집 가사도우미로 일하는 이주민들이 많았
다. 이미 동남아 몇몇 국가에서는 국가 정책으로 20대 젊은
여성들을 한국으로 이주시키기 위해 40-50대 농촌 총각들과
결혼을 시키는 브로커들도 많았다. 젊은 여성들이 가족을 먹
여 살리겠다고 낯선 한국 땅으로 와서 말도 안 통하고 얼굴
도 본 적 없는 나이 많은 남자들과 결혼했다. 외롭고 힘든 결
혼생활을 견디지 못하고 가출하거나, 가정이 깨어져 삶이 무
너지게 된 사연이 방송에도 종종 나왔다. 그날 그들의 울음
소리는 스펀지처럼 내 몸으로 빨아들여지는 듯했다.

나는 기도하며 이들을 향해 '클렌징 아웃'(Cleansing out)이라
고 선포했다. 이들을 유린하고 학대하는 모습이 눈앞에 그
려질 때마다 나는 이 말을 선포하며 그런 모습들을 지워 나
갔다. 한 사람 한 사람을 축복하시고 이들이 받은 상처들을
치유해 달라고 간절히 기도했다. 이들을 괴롭혔던 한국인들
에 대한 죄를 대신 회개하며, 상처 입힌 자들이 자신들의 죄
를 알게 해 달라고 간구했다.

갑자기 누군가 의자를 치워 가며 공간을 만들고, 원을 만
들며 손을 잡고 찬양하는데, 말할 수 없는 감격이 있었다. 꿈
에서 보았던 바로 그 장면이었다. 하나님이 바로 이 모습, 세
계 모든 나라가 하나 되는 모습을 지켜보고 싶어 하셨다는
것을 그제야 알았다. 걷잡을 수 없이 눈물이 터져 나왔다. 집

회가 끝나고 모두가 다 떠났을 때 나는 집회를 잘 끝냈다는 뿌듯함보다 상처받은 그 영혼들에 대한 안타까움과 슬픔이 마음에 오래도록 남았다.

선교는 특별한 훈련도 중요하지만 관심과 사랑에서 시작되어야 한다. 지금은 외국인 마을이 여기저기 있어서 그들의 먹거리를 쉽게 구할 수 있지만, 예전에는 외국 음식이 흔하지 않을 때라 외국인 노동자들이 고향 음식을 먹을 기회가 많지 않았다. 에젤 회원 중 한 분이 공장을 운영하는데 그곳에는 베트남에서 온 직원들이 많았다. 우리가 쌀국수를 직접 만들어 공장 직원들을 대접한 적이 있다. 그때 그들의 얼굴에 피었던 함박웃음을 잊을 수 없다. 사실 선교는 그렇게 어려운 것이 아니다. 관심을 갖고 내가 지금 할 수 있는 것을 실행하는 것으로부터 출발하면 된다. 선교는 바로 지금 시작할 수 있다!

이미 한국에 500만 명이 넘는 외국인 이주민들이 들어왔고 다문화 가정도 많이 생기는 상황에서 좀 더 선교의 개념을 확장시킬 필요가 있다. 이제는 국내에서도 쉽게 외국인을 대상으로 선교를 할 수 있다. 한국에 들어온 MK들도 많다. 현지에서 익혔던 언어로, 아니 한국어로도 쉽게 이주민들에게 복음을 전할 수 있는 기회가 있다. 대학마다 외국인 유학생들이 넘쳐난다. 누군가 예수 그리스도의 사랑을 전하고 그들이 한국에서 믿음 생활을 시작할 수 있는 통로가 되어 준다면 외국 유학생들은 더없이 좋은 선교적 자원이 될 수 있을 것이다.

2035년이 되면 한국도 단일민족이란 말이 사라지고 다민족국가로 분류될 것이라는 통계청의 데이터가 있다. 이주민이든 난민이든 대한민국 국적을 갖게 되면 한국인이 되는 것이다. 한국 사회에서는 아직 그것을 받아들일 준비가 안 되어 있는 듯하다. 우리는 아직 이들의 문화를 너무 모른다. 선진국에 대한 문화적 사대성이라는 집단 무의식도 남아 있다. 해외에서 살아가는 대한민국의 동포들이 그 나라에서 존중받는 것이 옳다는 생각이 든다면 우리도 한국에 온 이주민을 존중해 주어야 한다. 우리나라가 선진국 대열에 있다면 선진국 국민으로서의 인식과 역할도 따라 주어야 한다.

이 땅에서 만날 수 있는 외국인들을 향한 복음의 전달자가 필요하다. 지금, 아니 이미 안에서의 선교가 일어나고 있다.

확장된 세계관

2017년 가을, 코스타리카에서 사역하는 윤*석 선교사님과 이야기를 나누고 나서 잠자리에 들었는데, 잊지 못할 꿈을 꿨다. 하나님은 내게 거대한 금 밧줄을 보여 주셨다. 밧줄은 지도 위를 수놓고 있었다. 하나인 줄 알았는데 자세히 보니 일곱 가닥으로 나누어져 있었다. 콜롬비아에서 시작된 밧줄은 지도 위 중남미 지역을 덮고 있었다. 밧줄은 너무도 아름다웠다. 말 그대로 금빛 찬란했다. 나는 중남미에 복음의 빛이 강하게 비추고 있음을 느낄 수 있었다. 그리고 그 환상이 구체적으로 무엇을 뜻하는지 궁금했다.

중남미에서 20년간 말씀 사역을 해 오셨던 김성환 선교사님(현재 수영로교회 선교 담당목사)의 초대로 페루에서도 손가락 안에 드는 큰 교단의 연합집회에 강사로 초청받게 되었다. 중남미는 오순절 계통의 교단이 매우 활발하다. 나를 포함해 세 명의 강사가 돌아가면서 3일간 집회를 진행했다. 첫 날 현지인 교단 목회자의 말씀을 듣고 있다 보니, 현지 토속 신앙과 혼합된 묘한 설교였다. 나는 뭔가 잘못되었음을 직감했지만 그렇다고 한국에서 초청을 받고 간 내가 나서서 문제 제기를 하기는 어려웠다. 그곳에는 250여 명이나 되는 동일 교단 소속 목회자가 있고, 단에 선 사람은 교단에서 초대한 강사였다.

다음으로 내 순서가 되어 강단에 올랐다. 준비한 설교 대신 영적 분별력과 성령 사역에 대한 강의를 했다. 말씀 안에서 성령의 능력만을 추구하지 말고 바로 성령님 그분을 만나야 한다고 강조했다. 눈에 보이는 기적과 이사가 나타나지 않아도 성령님을 만날 수 있으며, 예수님을 통해 눈에 보이는 일보다 눈에 보이지 않는 소중한 것을 발견하게 된다고 전했다. 그때 나는 콜롬비아에서 페루로 이동하며 한국으로 가져가려고 준비한 《레위기: 거룩》 스페인어판을 한 박스 갖고 있었다. 나는 교재를 잠깐 소개했다.

사람들이 책을 사기 위해 모여들었다. 한 사람 한 사람에게 떠오르는 하나님이 주시는 성경 말씀을 책 표지에 적어 주었다. 나는 김 선교사님에게 내가 한글로 적어 준 말씀 구절을 이들에게 스페인어로 알려 주고 같이 말씀을 읽고 기도해 주면 좋겠다고 부탁했다.

한 박스의 책은 5분 만에 다 팔렸고, 내가 다시 강단에 올라 강의를 시작하려고 하는데 여기저기서 울음소리가 들렸다. 책 표지에 적힌 말씀을 보고 성령님을 만난 것 같았다. 감사하게도 다음 날부터 그 강사의 설교와 기도 방식에 변화가 있었다. 전날과는 사뭇 달라 보였다.

중남미 지역은 교단별로 소속된 목회자들의 집회가 많았다. 여의도 광장보다 더 큰 곳에 발 디딜 틈 없이 모여 집회를 하는 것도 보았다. 콜롬비아 같은 경우는 세계적으로 알려진 이름난 신학교도 있다. 그런데 내가 현장에서 만난 목회자들은 말씀에 대한 깊이 보다는 환상과 은사를 좇아가는 것처럼 보였다. 은사 사역이 나쁜 것은 아니지만 한쪽으로 너무 치우치는 것은 바람직하지 않다.

그래도 다행히 페루에서 만난 교단 소속 목회자들은 말씀에 대한 순수한 열정과 배우려는 열의가 상당히 높았다. 나는 중남미에 말씀이 온전히 선다면 엄청나게 뜨거운 선교국이 될 수 있을지도 모른다는 생각이 들었다. 중남미에 파송된 한국 선교사들이 말씀에 대해서도 더 깊이 배우고 연구할 수 있도록 파송기관들이 조금 더 고민해 보면 어떨까 하는 생각도 스쳐 갔다.

중남미에서 말씀 사역과 빈민 사역을 같이하는 선교사들도 많다. 중남미는 교회 출석 인원은 많은데 믿음의 깊이가 없는 것이 현실이라고 했다. 중남미에서는 더운 나라라 그런지 성도들이 끈기가 없어 지속적인 제자 양육이 쉽지는 않다고 말한다. 나는 그럴수록 이곳에 말씀이 더욱 간절히 필요하며 깊이 뿌리내릴 수 있는 훈련이 있어야 한다고 생각했다.

콜롬비아는 비교적 깨끗한 분위기의 국가였다. 그런데 몇 년 전부터 전쟁을 피해 들어온 난민이 길거리 노숙자가 되었고 정부는 고민에 빠졌다. 지구촌이 되면서 한 나라의 이슈가 더 이상 그 나라만의 문제가 아니라 그 주변국을 비롯한 여러 나라에 파장을 일으켰던 것이다. 특히 전쟁의 여파는 결코 그 당사국의 문제로만 국한되지 않는다.

이런 중남미 몇 나라들의 정치·경제·종교 등의 상황들을 보면서 에젤선교회도 선교에 대한 시각을 다시 한번 정리할 때가 된 것이 아닌가 싶은 마음이 들었다. 이미 2000년대 초반부터 에젤은 선교사뿐 아니라 함께 동역하는 현지인 목회자를 함께 사역의 대상으로 섬겼다. 하지만 중남미 사역을 하면서 한 나라가 아닌 대륙별, 아니 세계 속의 선교로 눈을 돌리게 되었다.

에젤은 선교사님들이 보내는 편지를 가지고 기도하지만 한 나라가 아니라 세계 선교 속에서 그 나라를 보는 확장된 세계관을 가질 수 있도록 훈련하고 있다.

나는 우리가 어떤 기도를 하느냐에 따라 세계 선교의 흐름을 바꿀 수 있다고 믿는다. 하나를 알면 하나밖에 기도하지 못하지만 열을 알면 하나의 기도 제목을 가져온 분에게 열 가지를 기도해 줄 수 있다. 당장은 보이는 것이 없어도 10년, 20년이 지나 기도가 쌓이고 응답될 것이라는 확신이 있다.

나는 김주태 선교사(라틴 두란노 대표)에게 중남미를 위한 말씀 사역의 장기적 계획을 함께 만들어 가자고 제안했다. 중남미 사역은 에젤의 선교 DNA가 보다 확장되는 터닝 포인트가 되었다. 기도의 지경이 넓어졌고, 그 후로는 에젤의 해외 사역에도 변화를 시도했다. 사역을 가더라도 한 지역이 아닌 세계 속의 그 나라를 위해 중보하고 그 한 나라가 세계에 미칠 영향을 위해 기도했다. 이것은 나와 에젤의 성장이기도 하다.

부모의 관심 분야가 달라지면 자녀와의 대화 내용도 달라진다. 그전에는 드라마 이야기를 했다면 지금은 튀르키예 지진이나 우크라이나 전쟁 그리고 이스라엘과 팔레스타인의 갈등에 대한 이야기를 한다. 나는 에젤 식구들에게 자녀들이 선교적인 세계관을 가질 수 있도록 격려했다.

내 기도 방식과 세계관의 확장은 아마도 중남미를 놓고 기도할 때 하나님께서 내게 보여 주신 일곱 개의 금 밧줄 때문이 아니었을까 생각해 본다. 나는 한 나라만이 아니라 중남미 전체를 향해 메시지를 전했고 여러 지역을 돌아보았다.

'7'은 성경에서 완전수가 아닌가. 그것이 중남미 전체를 덮었다는 것은 이제 한 나라만의 변화가 아니라 중남미가 그리고 온 세계가 그리스도 예수의 복음으로 변화될 것임을 보여주신 것이 아닐까. 바로 그 기도를 시작하게 하신 것은 아닐지 그 끝이 궁금하다.

에젤의 길

　　2019년 가을 나는 그동안 에젤이 해 온 사역을 학문적으로 정리해 보고 싶어서 미국 풀러신학교에서 공부를 시작했다. '에젤선교신학'이란 제목으로 정리한 논문은 선교 단체가 자신의 사역을 선교신학이라는 학문으로 정리한 특별한 논문이라는 평가를 받았고 CLC 출판사에서 책으로 출간되었다.

　　논문을 쓰면서 에젤 회원들을 대상으로 통계를 내 보니, 선교를 에젤에서 처음 알게 되었다는 사람이 80퍼센트가 넘었다. 나도 그 조사 결과를 보고 깜짝 놀랐다. 기존에 선교에 대해서 관심이 있던 사람들이 모인 것이 아니라 대부분 나처럼 선교가 뭔지 모르는 사람들이 모여서 하나님을 더 깊이 알아 가고 하나님의 선교에 동참할 수 있었던 것이다. 선교의 문턱을 낮추고 일반 지교회 성도들이 선교에 참여할 수 있는 통로로 에젤선교회가 사용되었다는 것만으로도 큰 역할을 했다는 자부심이 생겼다. 무엇보다 내가 가장 중요하게 생각하는 것은 삶과 사역의 연관성인데, 설문조사의 결과에 따르면 에젤선교회의 사역에 동참함으로 믿음은 물론 삶의 우선순위에서도 큰 변화가 있다는 것을 볼 수 있었다.

나는 에젤선교회가 예수님의 몸 된 교회로서 어떤 선교적 공동체인가를 연구하기 위해 찰스 벤 엥겐(Charles Van Engen)의 선교적 교회론을 사용했다. 벤 엥겐은 건강한 그리스도의 교회와 선교 공동체는 다섯 가지 요소가 있어야 한다고 말한다.

첫째는 하나가 되는 것이다. 성부 성자 성령이 하나됨처럼 예수 그리스도를 머리로 한 교회는 공동체 안에서 하나가 되는 것이 중요하다. 둘째는 보편성이다. 조직 내 신분, 지위, 학력, 재산 그 어떤 것도 특별한 대우가 없이 누구에게나 기회가 보편적으로 열려 있어야 한다. 셋째는 거룩성이다. 하나님의 거룩이 성도들의 삶과 사역에서 표현되어야 한다. 넷째는 사도성이다. 주님의 몸된 공동체로서 복음이 땅 끝까지 전파되는 데 사도적 삶을 살아야 한다. 다섯째는 성장성이다. 공동체가 영적으로 또 사역적으로 성장해야 한다. 성장하지 않으면 그때부터 도태되는 것이기도 하다.

이렇게 다섯 가지 선교적 공동체로서 기본적 필요충분조건들의 기준에 맞춰 에젤을 점검해 보니 에젤은 선교적 공동체로서, 하나님과 함께 예수님의 몸 된 교회로서 아름답게 성장해 가고 있는 건강한 공동체임을 확인할 수 있었다.

나는 에젤선교회가 건강하게 성장할 수 있었던 것은 온누리교회라고 하는 선교적 교회가 함께 있었기 때문이라고 생각한다. 에젤선교회는 온누리교회 소속기관이 아닌 협력기관이다. 온누리교회는 에젤선교회가 함께 선교적 꿈을 꾸고, 함께 성장할 수 있도록 끊임없이 배움과 섬김의 기회를 제공해 주었다. 온누리교회는 에젤의 든든한 동역자요 후원자이기도 하다. 에젤선교회는 수많은 지역 교회의 성도가 모여 있다. 우리는 여러 선교기관이나 교단이 요청하는 많은 사역에 협력했다.

나는 온누리교회와 에젤선교회의 상호 협력의 관계는 교회와 선교단체가 함께 연합해 성장해 가는 좋은 모델이 되고 있다고 생각한다. 논문을 쓰면서 인터뷰를 해 보니 출석교회 담임목사의 목회 방향에 따라 성도들이 선교에 대한 가르침이나 섬김의 기회를 제공받지 못해 선교를 아예 모르는 경우가 많았다. 담임목회자가 성도들이 교회 외부 사역에 참여하는 것을 막는 경우도 상당히 많다는 사실을 조사 결과 발견했다.

이 문제의 원인을 크게 세 가지로 생각해 볼 수 있다. 첫 번째는 이단의 피해가 너무도 크기 때문에 목회자로서는 양들을 보호하려는 차원에서 내려진 조치라는 것이다. 두 번째는 교회의 재정이나 사역자가 충분하지 않기 때문에 교회사역에만 집중하라는 목회자의 닫힌 마음에서 비롯된 일이다. 셋째는 담임목사의 선교 경험 부족에서 기인한다.

첫 번째 문제를 해결하기 위해서는 교회가 공신력 있는 전문 선교기관과 협의를 거쳐 성도들이 선교훈련을 받을 수 있도록 하는 것이다. 선교를 배우면 자신이 출석하는 교회의 다른 성도들과 그 교회에 맞는 선교를 찾아 갈 수 있는 긍정적인 효과를 볼 수 있다. 또한 성도들이 배움을 통해 선교적 세계관이 형성되는 것만으로도 교회 성장에 도움을 줄 수 있다.

두 번째 문제 해결은 조금 더 어렵다. 교회의 필요는 하나님께서 채우신다는 담임목회자의 믿음에 대한 확신이 요구되기 때문이다. 모든 교회의 일이 다 하나님의 일이기는 하지만 지교회 사역에만 성도들을 가두어 두면 이 또한 오직 내 교회의 성장만을 추구하려는 닫힌 마음이다.

세 번째 문제 해결은 교단 차원에서 목회자들에게 선교에 대해 배울 기회를 준비해 주면 좋을 듯하다.

건강한 교회와 선교단체가 협력하면 조직의 일원이 성장하는 것은 물론이고 선교에 열려 있는 담임목사를 통해 새로운 선교를 꿈꾸는 협력기관이 지교회 안에 자리 잡을 수 있다고 생각한다. 나는 에젤선교신학에 대한 연구가 다른 선교단체와 일선 교회에 선교적 동기부여가 되길 바란다. 학문적으로는 선교신학 분야에 조금이라도 진보를 가져오길 바라는 마음이 있다. 에젤선교신학에서 내가 지목한 '에젤'은 에젤선교회만을 의미하는 것이 아니라 성경 전반에 걸쳐 연구했다. 보다 광범위하게 하나님이, 하나님의 선교를, 하나님의 백성과 함께 이루도록 하나님께서 돕는다는 의미로 사용했다.

나에게 선교란 30년 전 하용조 목사님이 열어 주신 새로운 길이었지만, 그 길은 바로 하나님께서 창세전에 이미 나를 부르기로 작정하셨던 길이었다. 이 길은 에젤선교회를 통해 수많은 교회의 성도들이 하나님을 경험할 수 있는 길로 넓혀져 가고 있다.

얼음냉수

　나는 에젤선교회가 무슨 사역을 하느냐는 질문을 종종 받는다. 에젤은 선교사를 파송하지 않는다. 그런데 선교사님을 돕는 일이라면 뭐든지 하는 곳이라고 말한다. 에젤선교회를 한마디로 정의하기는 어렵지만 타문화권 선교지에 나가 계신 선교사님들의 멤버 케어 단체라고 할 수 있다. 더 쉽게 말해 선교사들의 심부름센터라고나 할까. 아니면 영적 전쟁터의 위생병도 좋겠다.

　누구나 마찬가지겠지만, 고국을 떠나 낯선 땅에서의 생활은 녹록지 않다. 거기다 사역에 지치는 순간이 오면 어두움에 무게를 더한다. 나는 선교사님들에게 당신을 기억하는 누군가가 기도하고 있고, 무엇보다 하나님이 당신을 기억하고 있다는 것을 알려 주고 싶었다. 타국에서 유난히 외롭게 느껴질 때가 있다면 명절이나 기념일도 한몫을 한다.

에젤을 시작한 1990년대만 해도 카드는 서로의 우정을 나누는 도구였다. 달리 큰일은 못해도 생일카드 정도는 쓸 수 있을 것 같았다. 또한 누군가 자신을 기억하고 있다는 것만으로도 힘이 되지 않을까 생각했다.

에젤 식구들은 모여서 선교 편지를 읽고 그분의 상황과 사역에 대해 구체적으로 살펴보며 묵상하고 기도하면서 카드를 썼다. 남들이 보면 그냥 카드 한 장 쓰는 걸로 보이겠지만 우리는 그 카드 한 장에 할 수 있는 한 모든 기도와 사랑을 담는다. 왜냐하면 그 카드 하나로도 하나님은 큰 역사를 일으키신다는 걸 잘 알고 있기 때문이다.

선교사의 편지가 오면 기도편지를 주보로 제작하고 그것을 한 줄로 요약해 둔다. 그렇게 하는 이유는 선교사가 워낙 많기도 하고 또 다른 이유는 한 장의 편지 안에 가장 힘들고 어려웠던 문제가 무엇이었는지, 한눈에 볼 수 있도록 하기 위해서다.

중국에서 사역하던 L선교사님의 생일카드에 관련된 에피소드가 있다. 당 서기관과 대화를 나누던 중에, 1년 넘도록 비가 오지 않아 초원의 목초가 다 말라 버리는 바람에 가축들이 걱정이라는 이야기가 나왔다. 그때 선교사님은 잠시 하늘을 올려다보며 "놀라지 마세요. 내일 비가 올 것입니다"

라고 했다는 것이다. 다른 사람도 아니고, 공안안전국 당 서기관 앞에서 자신도 모르게 툭 던진 소리라 후회가 되었다고 한다. 그런데 마침 에젤에서 보내 준 카드가 손에 있었고, 거기에 "담대하라"라고 적혀 있었다. 선교사님은 엘리야가 아합 왕 앞에서 담대히 선포하듯 "하나님이 말씀하셨습니다"라고 말했다고 한다.

이미 비가 올 거라 선포해 버렸으니 어쩌겠나. 선교사님은 무조건 비를 내려 달라고 간절히 기도하셨다. 그런데 다음날, 정말로 새벽부터 비가 쏟아지기 시작하더니 3일 동안이나 계속되었다. 당 서기관은 이후로 성경을 읽기 시작했다. 선교사님은 성령이 역사한 순간이었다며 보내 준 카드에 고마웠다는 메시지를 적어 보내 주셨다.

하나님은 카드 하나도 마음과 정성을 다하면 위대한 선교가 될 수 있다는 것을 이 사건으로 보여 주셨다. 선교사들의 감사 인사는 마치 하나님으로부터 작은 일에 충성된 종이라는 칭찬을 받는 것만 같다.

튀르키예에서 사역하던 권수원 선교사님은 결혼 후 11년 만에 첫 아이를 임신했다. 얼마나 기뻤으면 자다가도 일어나 웃을 정도였다고 한다. 그런데 이 기쁨도 잠시, 유산의 아픔을 겪고 말았다. 기쁨이 큰 만큼 낙심 또한 컸다. 그런데 그때 우리가 보낸 카드와 손바느질한 조각 이불이 도착했다. 선물을 발송하고 나서야 유산 소식을 들었기 때문에 우리도 너무 난감했다. 그런데 권 선교사님은 그 소포를 받으면서 오히려 하나님이 반드시 이 이불을 덮을 아기를 다시 주실 것이란 기대로 슬픔을 이겨 냈다고 한다.

6년의 시간이 흘러 권 선교사님은 사역지를 뉴질랜드로 옮겼다. 당시 선교사님은 이민 목회를 하면서 열매가 없다는 낙심과 우울에 빠져 있었다. 에젤선교회는 기도했고 선교사님을 격려하기 위해 뉴질랜드 사역을 기획했다. 선교사님의 생일을 축하하는 깜짝 파티도 했다. 그런데 놀랍게도 우리가 돌아온 지 2주 후 그 가정에 새 생명이 찾아왔다는 기쁜 소식을 전해 주셨다. 우리는 임신 안정기를 기다렸다가 이번에도 다시 예쁜 아기 이불을 보내 드렸다. 권 선교사님은 6년 동안 보관해 온 조각 이불과 함께 이불 두 채로 아이를 키웠다고 말해 주셨다. 아이는 이제 청소년이 되었다. 그 낡은 에젤의 이불을 아직도 갖고 있다고 했다.

우리의 사랑과 정성이 흘러가 이렇게 무너진 곳을 수축하고, 누군가에겐 새로운 꿈을 꾸게 했으며, 무엇보다 아름다운 일상을 살게 했음에 감사하다. 이것이 바로 하나님의 선교가 아닐까.

에젤의 가을은 늘 분주하다. 추석 카드를 만들고 발송하면 바로 성탄절 선물 기획회의가 시작된다. 에젤의 성탄 선물은 선교사가 12월 한 달 동안 예수님 오심을 묵상하고 한 해를 감사하며 새해 준비하도록를 돕기 위한 표현이다.

성탄 선물 박스는 MK들을 위한 작은 선물과 먹거리 그리고 성탄절을 기념할 수 있는 다양한 소품들을 제작해 보낸다. 어느 해는 트리를, 어느 해는 성탄 장식품을 만들어 보내면서 매년 겹치지 않도록 신경을 쓴다. 뜨개질을 하기도 하고 수를 놓기도 했다. 선교사가 우연히 누군가의 집을 방문했는데 그 집에서 에젤의 소품이 있는 것을 보고는 "당신도 에젤 선교사냐"며 서로 반가워했다는 이야기도 들었다. 수작업으로 만들어서 보내는 물건들은 시간도 많이 걸리고 봉사자의 손도 많이 필요하지만, 이것을 받을 선교사님들을 떠올리면서 우리에게도 고단함이 아닌 기쁨이요 찬송이 된다. 늘 새로운 아이디어를 제공해 주는 회원들이 고맙다.

한번은 미얀마에 있는 이*오 선교사님 댁에 방문했는데 에젤에서 보낸 크리스마스 장식품이 여전히 벽에 붙어 있었다. 한여름인데도 계속 걸려 있는 것을 보니 철 지난 달력을 보는 듯했다. 다가가 떼려고 하니 선교사님이 다급히 나를 말리며 그대로 두라셨다. 십자가를 걸어 놓을 수가 없어서 에젤이 보낸 성탄 장식을 벽에 붙여 놓고 주님 오심을 기억하며 1년을 보내신다는 거였다. 또 그걸 볼 때마다 기도해 주는 사람들이 있다는 것을 기억하고 위로를 얻는다고도 했다. 알고 보니 그 작은 장식품은 구멍이 난 벽을 가리는 용도이기도 했다.

선교사님의 말씀을 듣고 나니 감사하고 또 죄송했다. 벽에 붙은 낡고 오래된 장식 하나에 여러 가지 의미가 있었는지 미처 몰랐다. "충성된 사자는 그를 보낸 이에게 마치 추수하는 날에 얼음냉수 같아서 능히 그 주인의 마음을 시원하게"(잠 25:13) 한다는 말씀처럼, 에젤이 선교사님들에게 더운 여름날의 생수 같기를, 한겨울의 포근한 담요 한 장이 되기를 소망한다.

With You 여호와 에젤

누구나 세상을 살아가는 데 소중한 것이 있다. 그 소중한 것들을 지켜 내기 위해 때론 나의 가장 소중한 것들을 내놓아야 할 때가 있다. 어린아이가 내놓은 소박한 한 끼의 식사 오병이어는 오천 명 이상을 배불리 먹게 하는 씨앗이 되었다. 옥합을 깨뜨린 여인은 비싼 향유를 왜 낭비하느냐는 질책을 받기도 했지만 그녀의 사랑과 헌신은 예수님의 장례를 준비하기 위함이었다. 오병이어를 내어놓은 어린아이처럼, 옥합을 깨뜨린 여인처럼 가장 소중한 것을 주께 꺼내 놓을 때 우리 모두 기적을 경험할 수 있다.

오늘도 나는 내게 소중한 것들을 하나씩 내려놓으라는 주님의 훈련을 받는다. 에젤선교회에서 발생하는 모든 일은 늘 내게 새로운 도전이다. 내가 가고 있는 이 길은 도처에 고난과 좌절 그리고 외로움이라는 수많은 지뢰가 깔려 있는 것 같다. 영적전쟁의 최전방에 있는 선교사님을 돕는 에젤의 사역들은 처음부터 내가 감당할 수 있는 일이 아니었다.

그럼에도 불구하고 내가 지금까지 여기 이 자리에 있는 이유는 무엇일까? 그것은 바로 과거에도, 현재에도, 미래에도 나와 함께하시는 '여호와 에젤' 그분 때문이다. 여호와 에젤이란 단어는 직접적으로 성경에 나오지는 않지만 여호와 하나님이 어제나 오늘이나 내일이나 우리의 도움이시라는 의미로 사용된다. 특히 성경에서 사용된 에젤은 불가능한 상황에서 우리를 도우시는 하나님께 많이 사용되었기에 그 의미가 나에겐 남다르다.

나는 지난 30년 동안 셀 수도 없이 이제 더 이상은 못하겠다 소리치기도 했다. 정말 여기까지인가 하는 깊은 수렁에서 좌절하는 순간도 많이 있었다. 밑 빠진 독에 물을 붓는 것 같다가도 난데없이 나타나 구멍을 메우는 개구리 등짝 같은 사람들을 보내시는 주님은 나의 도움이시다.

김수경 장로님이 나에게 "당신은 주님의 십자가처럼 그 수많은 영적 공격들을 육체의 고통으로, 인생의 고난으로 값을 치르고 있는 것 같네요. 권사님의 상황들을 보면 슬픈 일이지요. 그런데 선교를 하시니 권사님께 쏟아지는 영적 공격들은 어쩌면 당연한 것이 아니었나 싶기도 합니다"라고 말해 주었다. 김 장로님의 말씀은 힘든 내 마음을 정리할 수 있도록 안내해 주었다.

선교사님들의 고난과 회복은 나와 한 줄기로 묶여 있는 것처럼 보이기도 한다. 내게 어려운 문제가 닥치면 하나님은 필요한 사람도, 재정도 채워 가셨다. 위기의 순간조차 하나님은 늘 기회로 바꿔 가셨다. 사탄이 나에게 '너 이런 소리까지 들으면서도 할래?' 하며 조롱하는 거짓된 말들로 내가 무너질 때도 하나님은 나를 지켜 내셨다. 정신을 차리고 보면 여전히 묵묵히 헌신하고 있는 하나님의 에젤들이 보인다. 나는 그렇게 혼자가 아닌 함께이고 싶다. 주어진 숙제들을 에젤과 함께 극복해 왔지만 또 더 힘든 고난이 나를 기다리는 듯한 섬뜩함을 느낄 때도 있다.

"믿음의 주요 또 온전하게 하시는 이인 예수를 바라보자 그는 그 앞에 있는 기쁨을 위하여 십자가를 참으사 부끄러움을 개의치 아니하시더니 하나님 보좌 우편에 앉으셨느니라"(히 12:2).

나는 수도 없이 좌절하고 넘어지고 또 후회도 많이 하지만 이 말씀 때문에 다시 일어서려고 애를 쓴다. 믿음의 완성자인 예수를 바라봐야 한다(빌 2:5)는 말씀을 또다시 붙잡으면서 말이다.

한국 선교는 이제 다음을 이어 갈 사람들이 필요하다. 에젤에게도 하나님의 마음을 품고 함께 기도해 줄 교회들이 필요하다. 하나님은 우리의 떡을 바다에 던지라고 말씀하신다. 그러면 수일 내에 그것을 도로 찾을 거라고 하신다(전 11:1). 나에게 소중한 떡을 내놓으라고 하실 때 지금은 망망한 바다에 아무 소득 없이 떡을 던지는 것처럼 보인다. 그러나 언젠가는 그물이 찢어지도록 큰 수확을 얻을 날이 반드시 올 것이다.

하나님의 역사 속에서 우리가 날마다 떡을 던졌던 그날들이 어떻게 기록될까 궁금하다.

"수고하고 애쓴 종아, 네가 잘하였도다."

마지막 날 나는 이 말을 들을 수 있을까? '나는 너희의 하나님 여호와다'라고 말씀하신다. 여호와 에젤, 그분이 함께하셨기에 지금의 에젤선교회가 있다. 하나님의 부르심이 있고, 섬겨야 하는 선교사가 있고, 함께하는 에젤 가족들이 있다면, 이것이 내가 여기 있어야 할 이유가 아닐까?

하나님과 함께(With you Lord),
선교사님들과 함께(With you Missionary),
그리고 에젤과 함께(With you Ezer)

이것이 에젤이다.

"내가 그를 위하여 돕는 배필을 지으리라"

창 2:18